書ければ読める！
くずし字・古文書入門

小林正博

潮新書
020

潮出版社

はじめに

漢字の勉強法は「読み・書き」、つまり読めることと、書けることを積み重ねて、たくさんの字を覚えていくのが常道です。

これは古文書解読の学習方法にも通じるはずなのですが、たかが二百年前の日本語なのに、何が書いてあるのかよくわからないのが情けない。江戸時代の人たちより漢字をたくさん知っているはずなのに読めないなんて情けないと思うことがありませんか。

この〝お嘆《なげ》き〟を解消するための方法として、本書では「書ければ読める」と銘打って、「書くこと」を優先させた古文書学習法を提案しています。

編集方針は、くずし字の字形を覚えるよりも、実際に書けるようになれば自然に解読力が身に付くはずだという考えに基づいています。「書くこと」に重点を置いてたくさん覚えていけば、くずし字で文章を書くこともできるようになります。

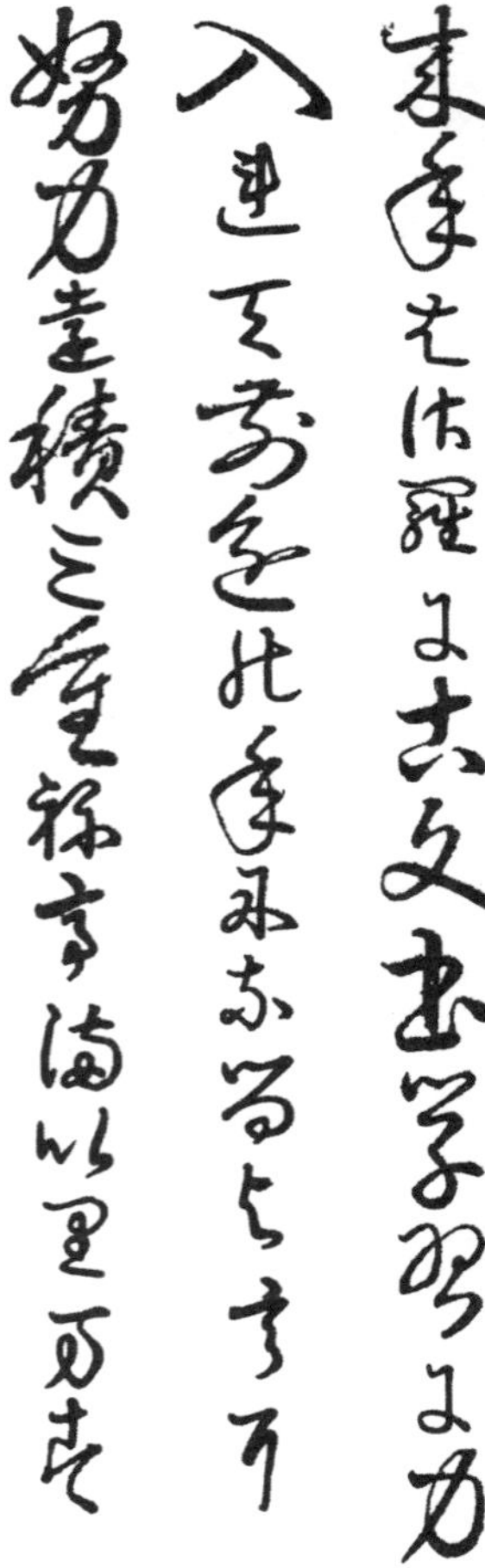

なんて自筆で書いて、友人・知人に送ることができたら、きっと自己満足的（？）楽しさも広がると思いませんか。ちなみに「来年はさらに古文書学習に力を／入れて前進の年になるように／努力を積み重ねてまいります」ですが、まさに「書ければ読める」レベルに高める学習法がここにあります。

そこで本書では、現代文をくずし字で書けるようにするため、小学校で習う教育漢字千字（実際は教育漢字は千二十六字あります）と江戸時代のひらがな百二十五字とその他の古文書によく出てくる漢字百二十五字の合計千二百五十字を収めました。

サブタイトルを「教育漢字千字文」としたのは、古代より漢字の読み書きの教科書的な教材として使用されてきた『千字文』にあやかっています。『千字文』は、五世紀ごろ中国で作られたもので、千文字の漢字を四字ずつ二百五十句からなる文章にして、しかも同じ漢字を使わないという秀作です。以後、いろいろな『千字文』が生み出され、江戸時代には数十種類の『千字文』が刊行され、子どもたちの習字用の手本として盛んに活用されています。

本書では、現代の教育漢字がほぼ千字であることに着目し、小学校の学年ごとに習う漢字を使って短文を作って、見開き二十字ずつ配して学習しやすい工夫をこらしています。見開き右頁は、書く練習ができるように大きいくずし字二十字を並べ、左頁には、その二十字を使った短文をくずし字で載せ、読みの演習問題のようにしてあります。右頁のくずし字漢字が書ければ、けっこう読めるはずですから挑戦してみてください。

そして、巻末には「索引」を付けました。この索引によって、本書が携帯用の「基本漢字・ひらがなくずし字字典」の機能も兼ねられるようにしました。またご自分が書いた文章で、くずし字がわからない字を調べるときにも利用してください。

最後に、本書を活用されることで「書ければ読める」域に達し、飛躍的な解読力のレベルアップにつながることを心よりご期待申し上げ、さらには古文書学習人口の拡大、活力ある生涯学習社会への貢献の一環として立ち上げた「古文書解読検定」へも挑戦していただければ、筆者としてこれ以上の喜びはありません。

平成三十戊戌年神無月吉日

一般社団法人古文書解読検定協会代表理事　小林正博

書ければ読める！ くずし字・古文書——教育漢字千字文◉目次

はじめに　3

I
書ければ読める「**変体仮名**」百二十五字……13
あ行　14　か行　16　さ行　18　た行　20
な行　22　は行　24　ま行　26　や行　28
ら行　30　わ行　32　捕足　合字の表記　34

II
書ければ読める「**教育漢字**」千字……37
小学校一年生で習う漢字　38
小学校二年生で習う漢字　48
小学校三年生で習う漢字　66

小学校四年生で習う漢字　88
小学校五年生で習う漢字　110
小学校六年生で習う漢字　132

Ⅲ　書ければ読める「**その他の漢字**」百二十五字……155

①常用表現　158
②頻出文字　160
③接続詞・副詞　162
④セットで覚える　164
⑤熟語　166
⑥訓読み動詞　168
⑦訓読み　170
⑧書いて覚える　172
捕足　**右寄せ小字の表記方法**　174

【付】索引　177

装幀◉清水良洋(Malpu Design)
本文DTP◉髙橋寿貴

「古文書解読検定」について

本邦初の「古文書の解読検定」と銘打って、二〇一六年七月からスタートした検定試験です。等級は三級からはじまり、準二級、二級までが、郵送形式の試験、準一級、一級は会場での試験になっています。

これまで、検定対策本として『実力判定　古文書解読力』（柏書房）、『読めれば楽しい！古文書入門』（潮出版社）、『これなら読める！くずし字・古文書入門』（潮出版社）を出版しています。

本検定の特徴は、合否はもちろん総合順位、問題別正解率、都道府県別合格者数などがわかるので、けっこう刺激的な試験になっています。

本検定に興味のある方は、古文書解読検定協会へおハガキで「検定案内パンフ」をご請求ください。協会ホームページも開設しています（インターネットで「古文書解読検定」で検索）。そちらからも案内パンフのご請求ができます。

おハガキでの検定案内パンフ請求先（郵便番号　住所　お名前・年齢を記入の上）

〒192-0082　八王子市東町6-8-202　古文書解読検定協会宛

I　書ければ読める「変体仮名」

現在私たちが書いている「ひらがな」は、明治三十三年に小学校令施行規則で決められたものですが、それ以前はたくさんの「ひらがな」が使用されていました。「変体仮名」というのは、この小学校令施行規則以後、学校で教えられなくなった平仮名のことをいいます。本書ではまず現代ひらがなを一番上に挙げ、その下に変体仮名をならべてあります。「変体仮名」学習は古文書解説の第一歩でもあるので、しっかり書きながら覚えてください。

書ければ読める！

変体仮名　あ行

あ

い

う

え

お

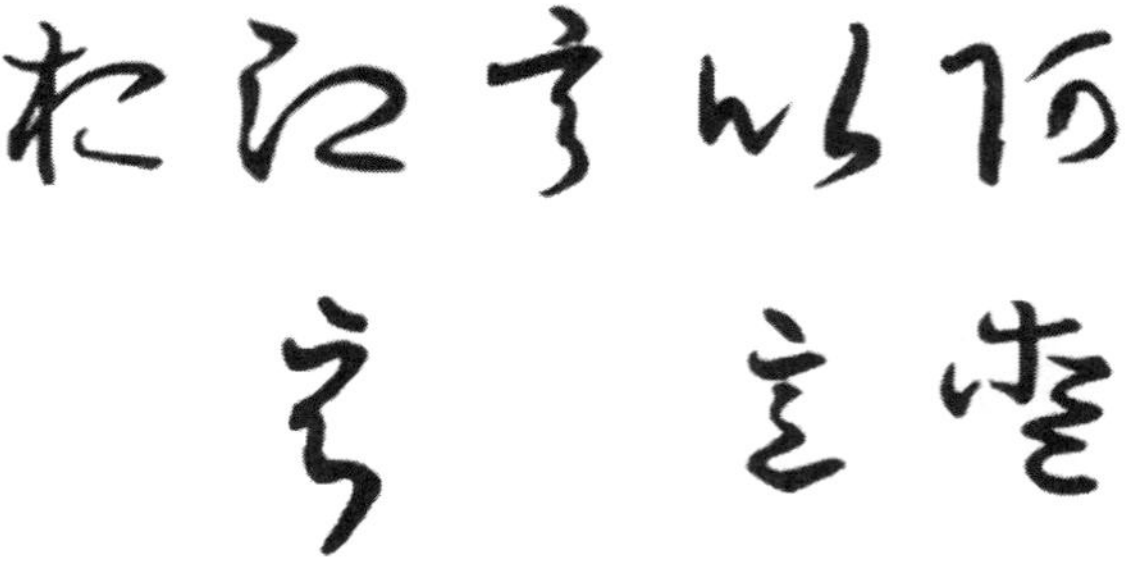

字源の確認

（ひらがなのもとになっている漢字を字源といいます）

あ（安）　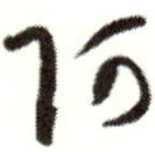（阿）　（愛）

い（以）　（以）　（意）

う（宇）　（宇）

え（衣）　（江）　（衣）

お（於）　（於）

変体仮名　か行

か

き

く

け

こ

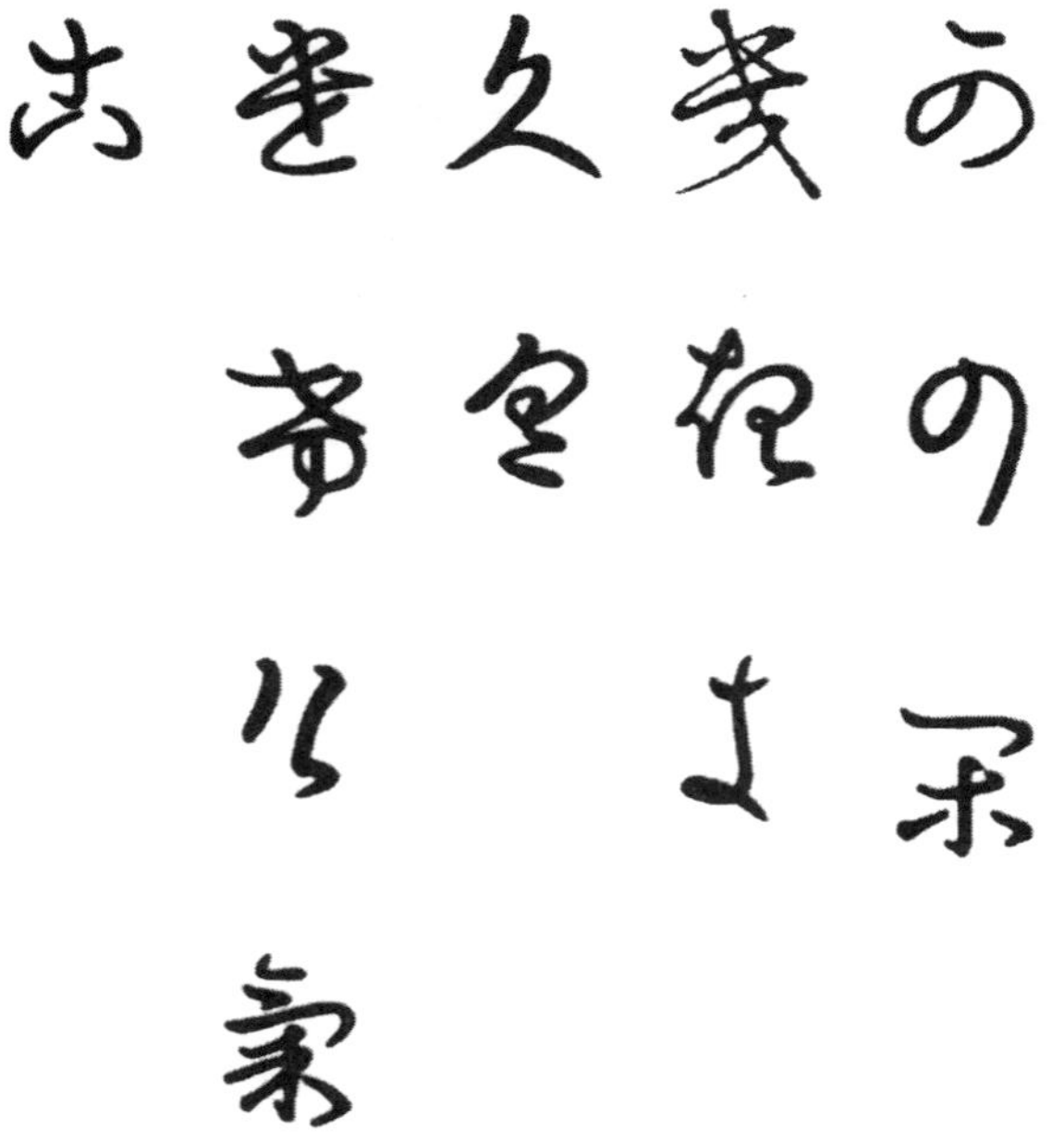

字源の確認

（ひらがなのもとになっている漢字を字源といいます）

か（加）
（可）
（可）
（閑）

き（幾）
（幾）
（起）
（支）

く（久）
（久）
（具）

け（計）
（遣）
（希）
（介）

氣（気）

こ（己）
（古）

氣は気の旧字で、ここでは「け」と読む

書ければ読める！

変体仮名　さ行

さ

し

す

せ

そ

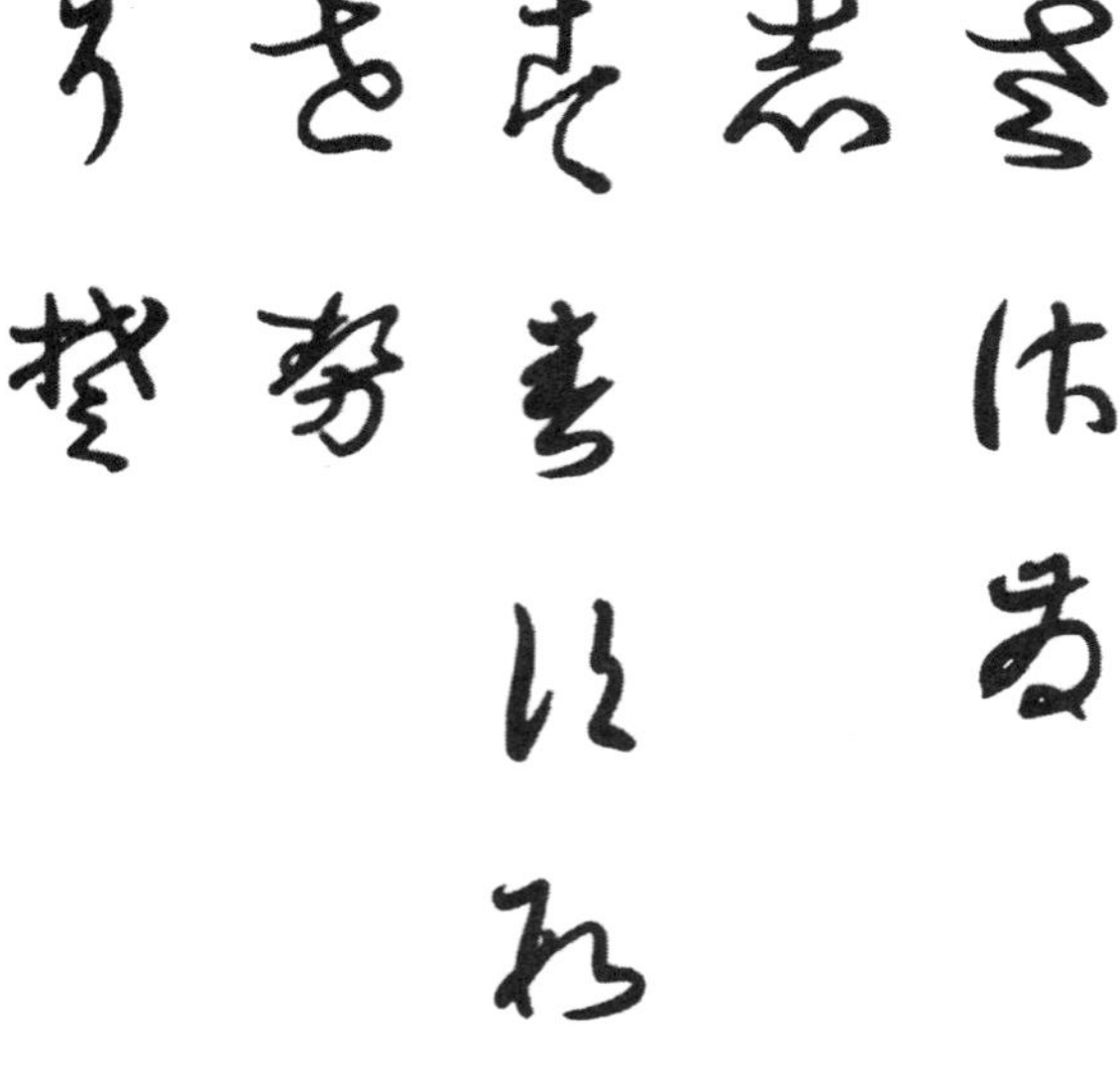

字源の確認
（ひらがなのもとになっている漢字を字源といいます）

さ（左）
（左）
（佐）
（散）

し（之）
（志）

す（寸）
（春）
（寿）
（須）
（数）

せ（世）
（世）
（勢）

そ（曽）
（曽）
（楚）

書ければ読める！

変体仮名　た行

た

ち

つ

て

と

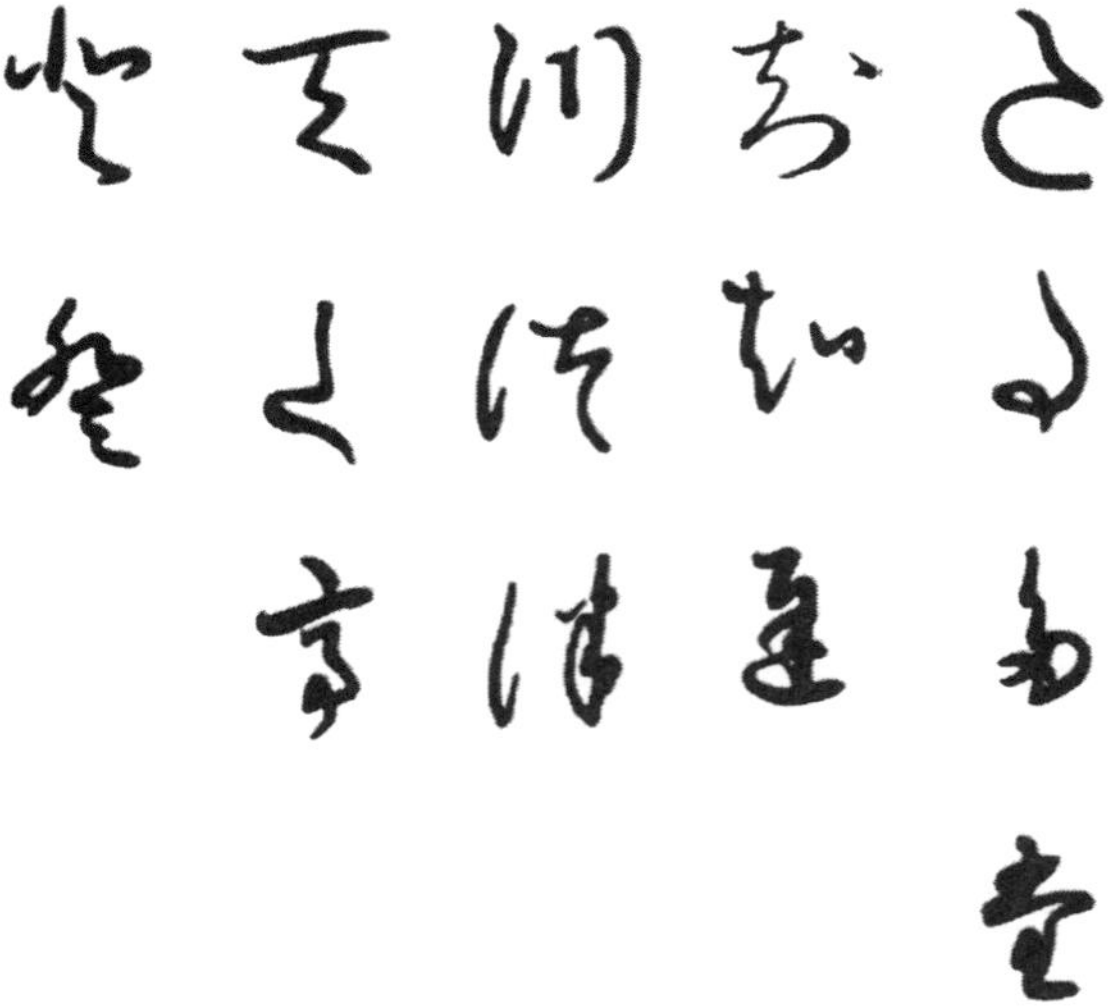

字源の確認

（ひらがなのもとになっている漢字を字源といいます）

た（太）
（多）
（多）
（多）
（堂）

ち（知）
（知）
（知）
（遅）

つ（川）
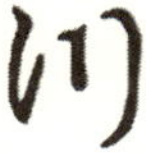（川）
（徒）
（津）

て（天）
（天）
（天）
（亭）

と（止）
（登）
（登）

書ければ読める！

変体仮名　な行

な

に

ぬ

ね

の

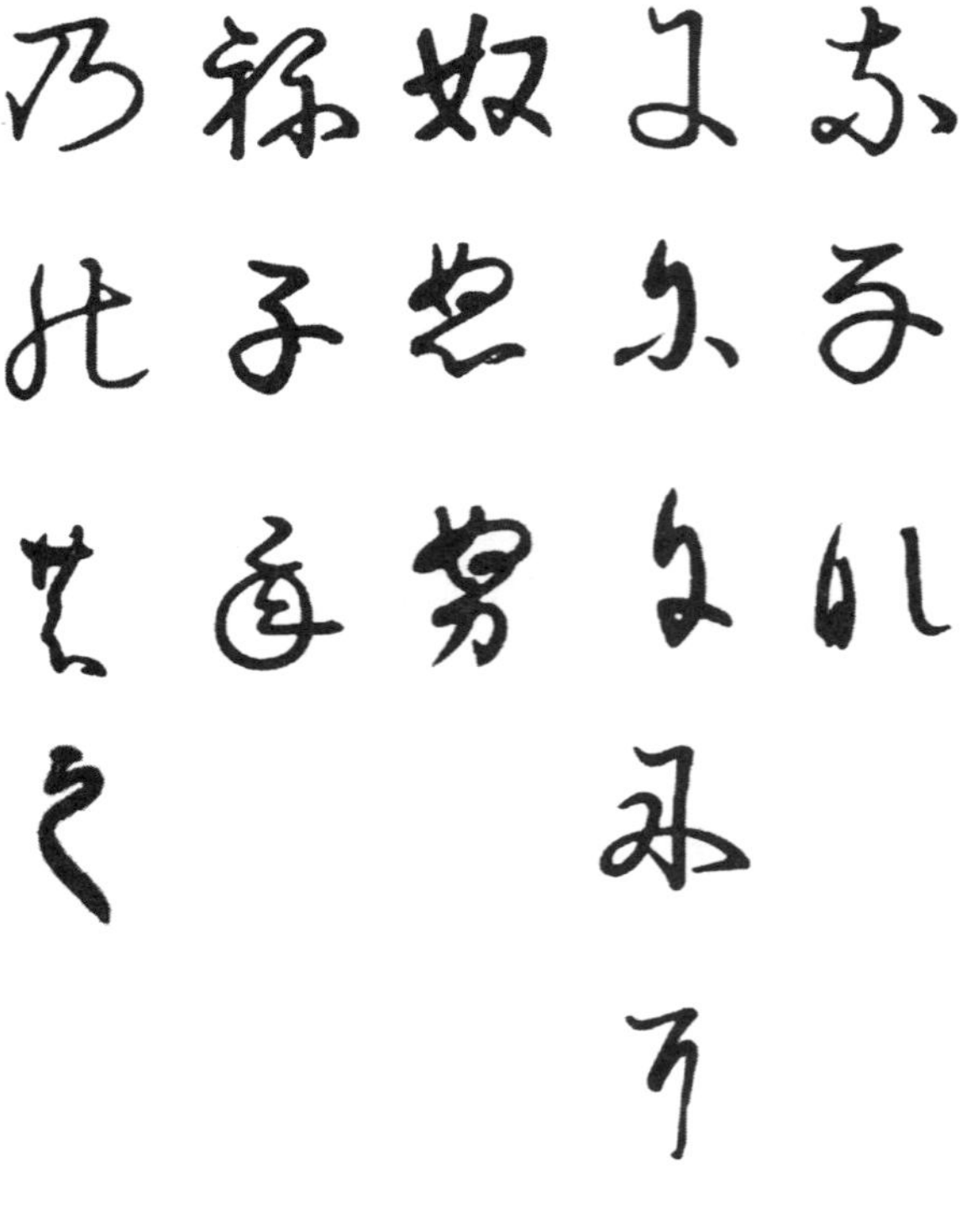

字源の確認

（ひらがなのもとになっている漢字を字源といいます）

な（奈）
（奈）
（奈）
（那）

に（仁）
尓（爾）
尓（爾）
尓（爾）

尓は正字の爾を略した通用字

（丹）
（耳）
（二）

ぬ（奴）
（奴）
（怒）
（努）

ね（祢）
（祢）
（子）
（年）

の（乃）
（乃）
（能）
（農）
（之）

「之」は通常「の」にせず「之」のまま解読する

書ければ読める！

変体仮名　は行

は

ひ

ふ

へ

ほ

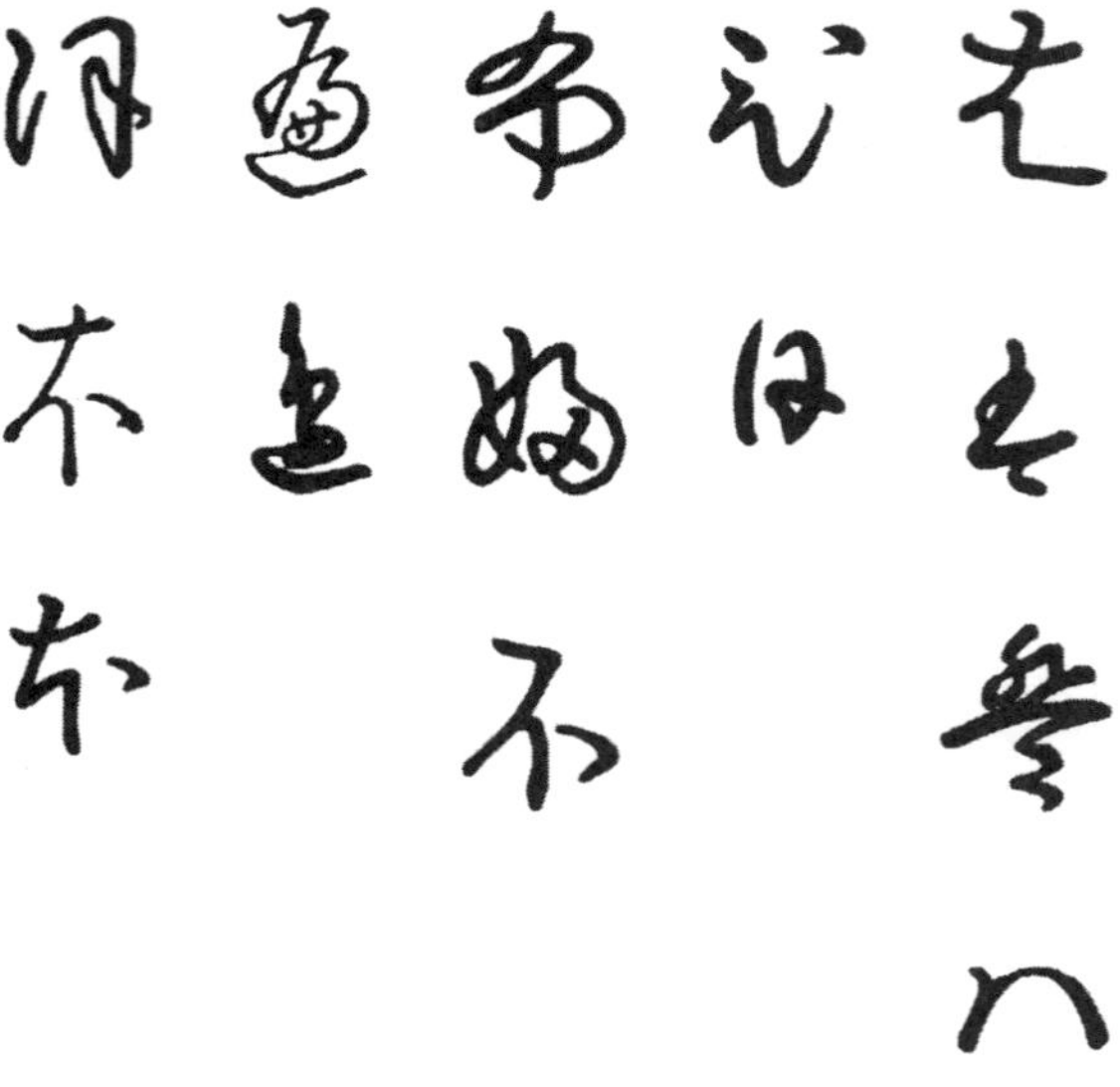

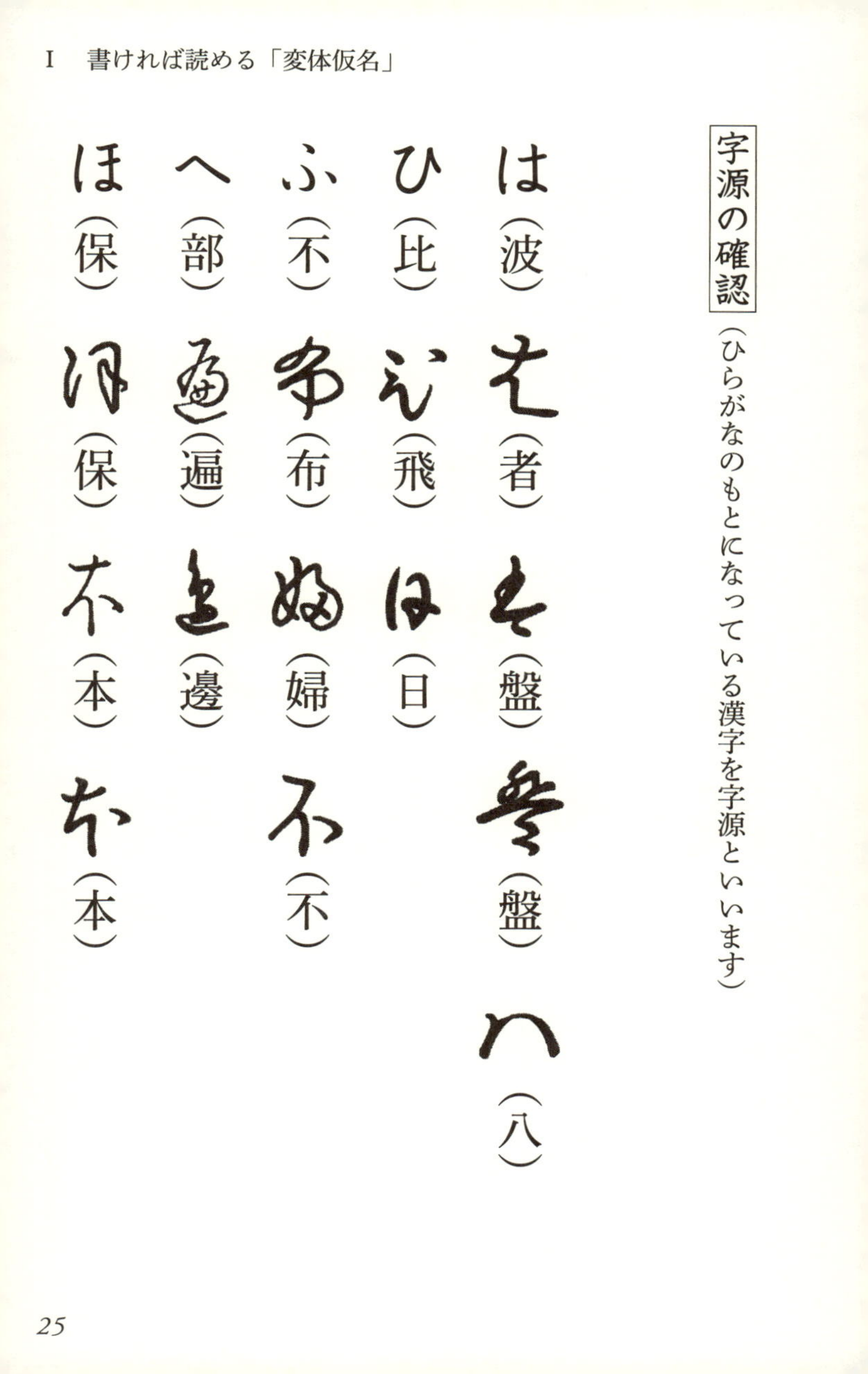

字源の確認

（ひらがなのもとになっている漢字を字源といいます）

は（波）　（者）　（盤）　（盤）　（八）

ひ（比）　（飛）　（日）

ふ（不）　（布）　（婦）　（不）

へ（部）　（遍）　（邊）

ほ（保）　（保）　（本）　（本）

変体仮名　ま行

ま

み

む

め

も

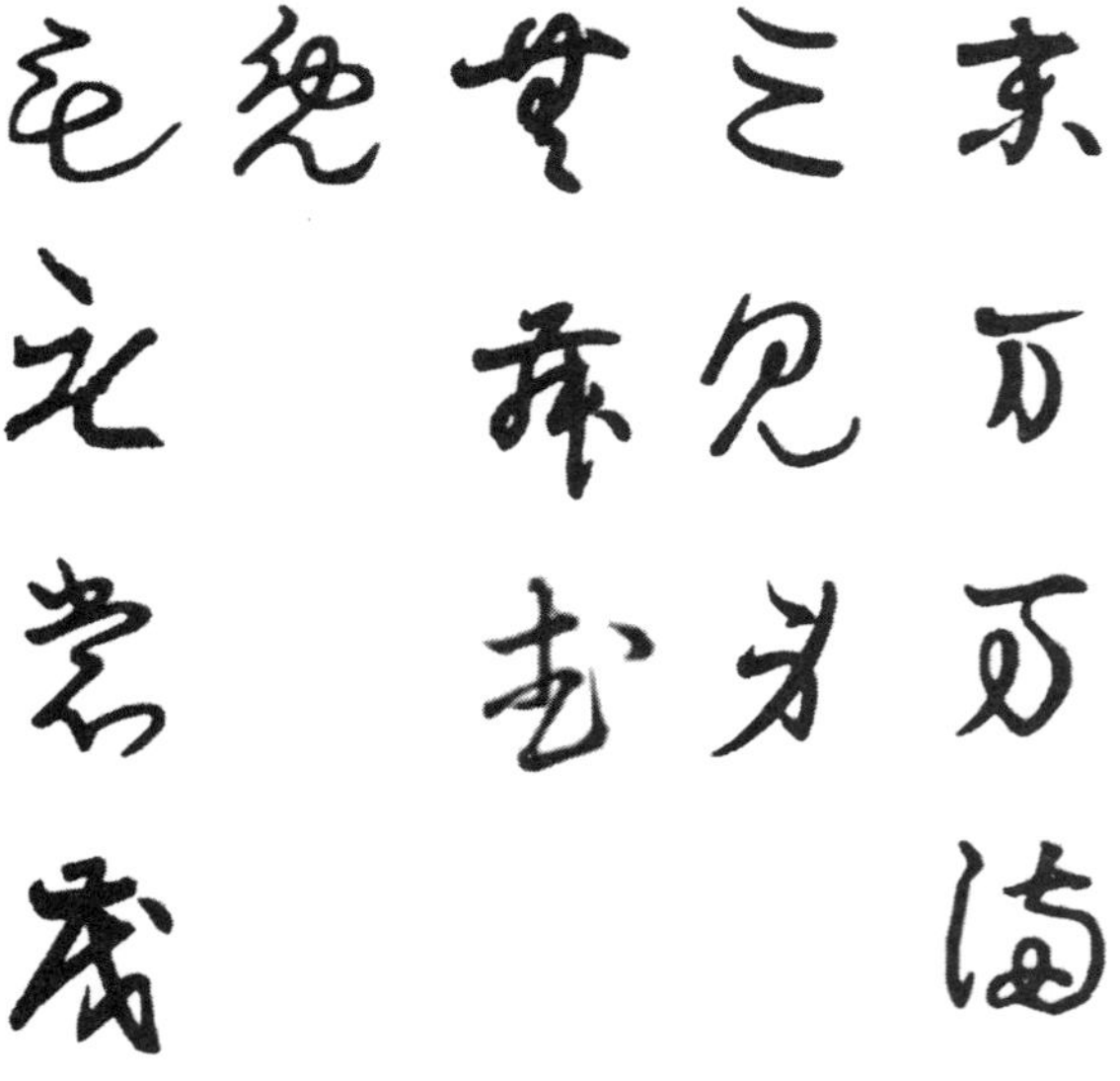

字源の確認

（ひらがなのもとになっている漢字を字源といいます）

ま（末）

（末）

（万）

（万）

（満）

み（美）

（三）

（見）

（身）

む（武）

（無）

（舞）

（武）

め（女）

（免）

も（毛）

（毛）

（毛）

（裳）

（茂）

書ければ読める！　変体仮名　や行

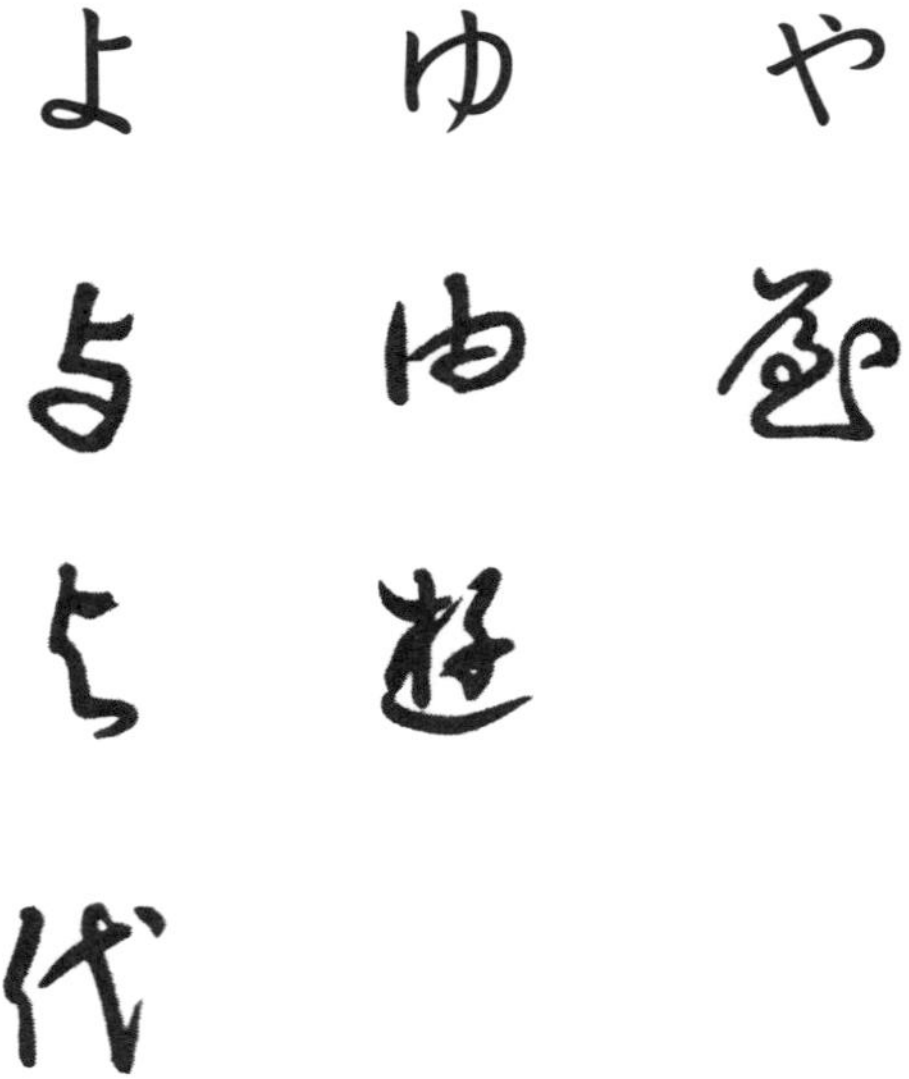

字源の確認（ひらがなのもとになっている漢字を字源といいます）

や（也）　（屋）

ゆ（由）　（由）　（遊）

よ（与）　＊（与）　（与）　（代）

＊与は与えるという動詞や村方三役の一つである与頭《くみがしら》（組頭）で使われることがある。また、○○与のように助詞の「と」と読む「与」もある。

書ければ読める！

変体仮名　ら行

ら

り

る

れ

ろ

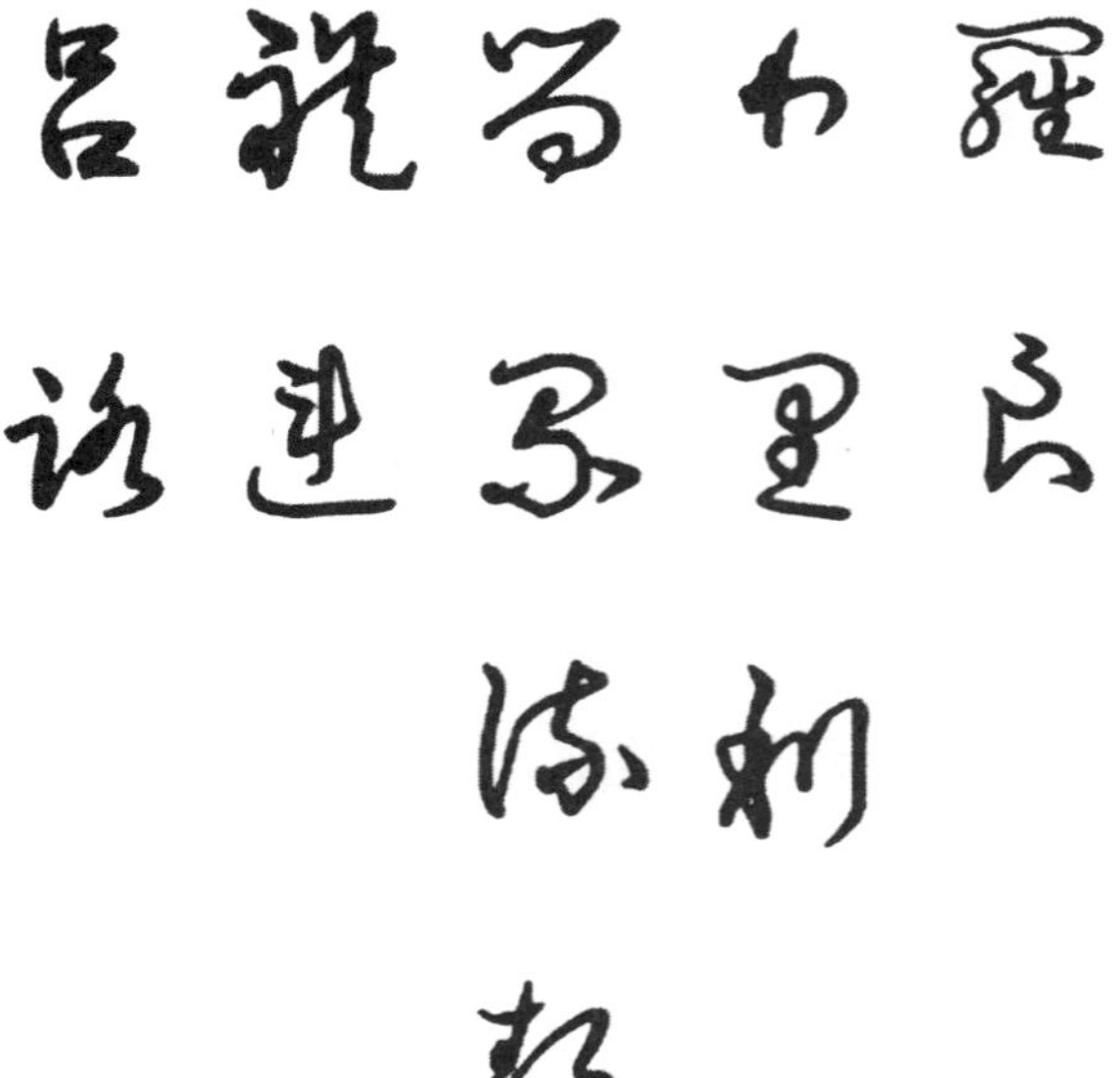

字源の確認

（ひらがなのもとになっている漢字を字源といいます）

ら（良）　（羅）　（良）

り（利）　（利）　（里）　（利）

る（留）　（留）　（累）　（流）　（類）

れ（礼）　（禮）　（連）

禮は礼の旧字

ろ（呂）　（呂）　（路）

書ければ読める！

変体仮名　わ行

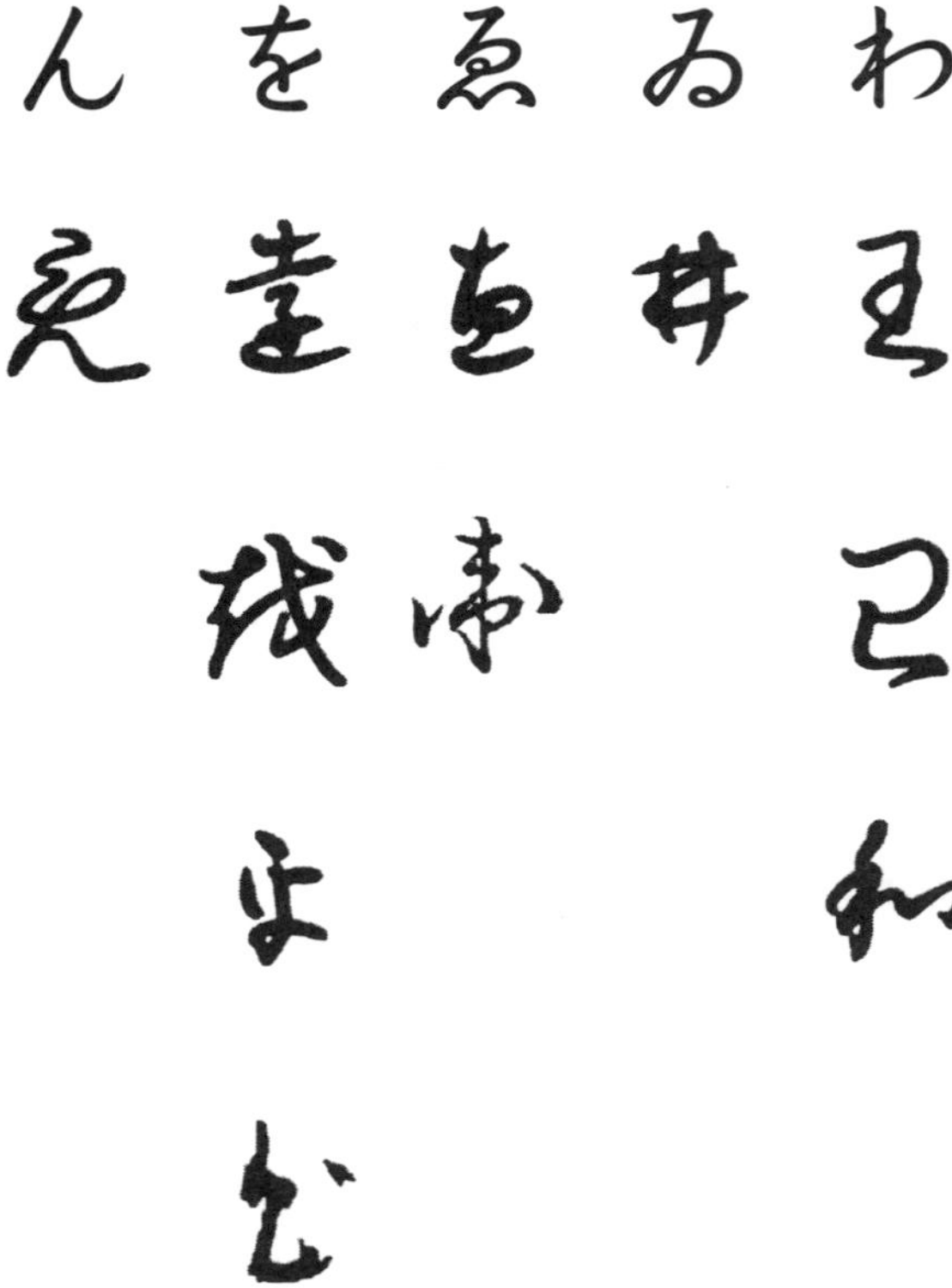

字源の確認
（ひらがなのもとになっている漢字を字源といいます）

わ（和）　（王）　（王）　（和）

ゐ（為）　（井）

ゑ（恵）　（恵）　（衛）

を（遠）　（遠）　（越）　（乎）　（遠）

ん（无）　（无）
无は無と同字

捕足

合字の表記

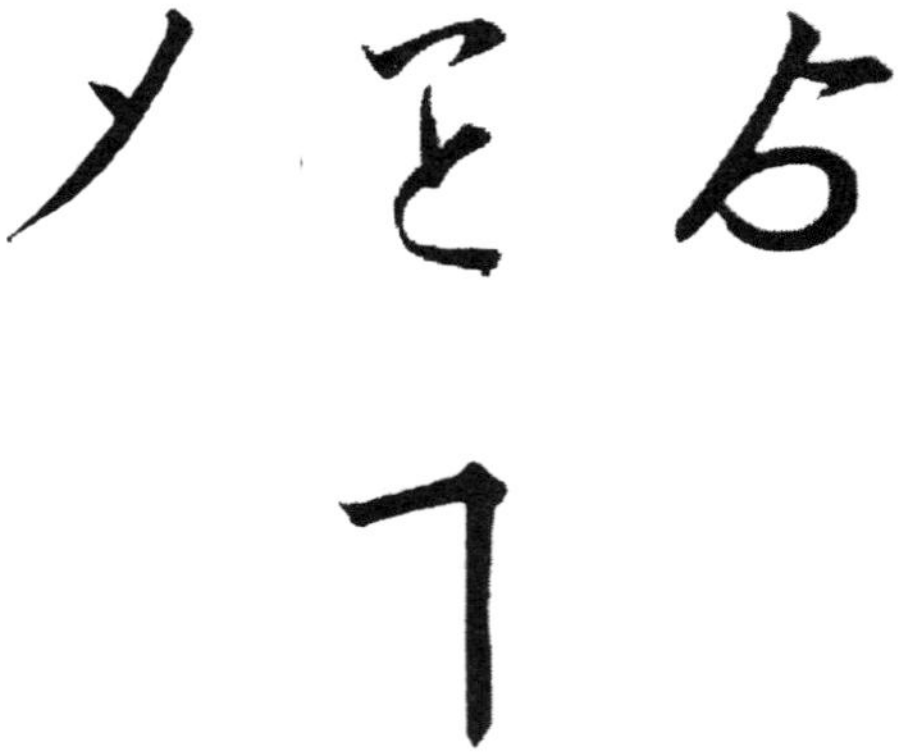

読みと解読文での書き方

（合字とは二字以上の文字を合わせてできた文字をいいます）

より　「よ」と「り」の合字　解読文では「ゟ」のまま書く

こと　「こ」と「と」の合字　解読文では「こと」と書く

こと　略字　解読文では「コト」と書く

して　として　解読文では「……して」「……として」と書く。なお
メは「しめ」と読む和製の漢字なので、解読文では「しめ」と書かずに「〆」のまま漢字として書く。

Ⅱ

書ければ読める「教育漢字」

教育漢字は義務教育の期間で習う漢字で、ここでは小学校六年間で学習する千二十六字のうち、千字を収録しています。原則として一頁に二十字ずつの漢字を右頁に挙げています。まず書きながらくずし字体をマスターしてください。左頁はこれらの漢字を使って短文にしていますから、解説に挑戦してください。なお創作した短文で使われるひらがなは「が・ざ・だ」などのような濁点や「知って」などの小字になる促音《そくおん》便《びん》の「つ」や「しゅう」や「しょう」などのように小字になる「ゆ」「よ」については「つ」「ゆ」「よ」などの大きい字で表記しています。これは中世以前の文書もそうなっており、江戸時代の文書でも多数見られるので、本書の短文もそれにならっています。解読するときはこの点に留意しながら読んでください。

一年生の教育漢字　八十字

一年生で習う教育漢字は、二〇一七年の小学校学習指導要領でも今まで通り八十字で変更がありませんでした。ここでもその八十字を収録しました。

一年生の教育漢字　八十字　音読み順

一右雨円王音下火花貝学気九休玉金空
月犬見五口校左三山子四糸字耳七車手
十出女小上森人水正生青夕石赤千川先
早草足村大男竹中虫町天田土二日入年
白八百文木本名目立力林六

小学校一年生で習う漢字❶

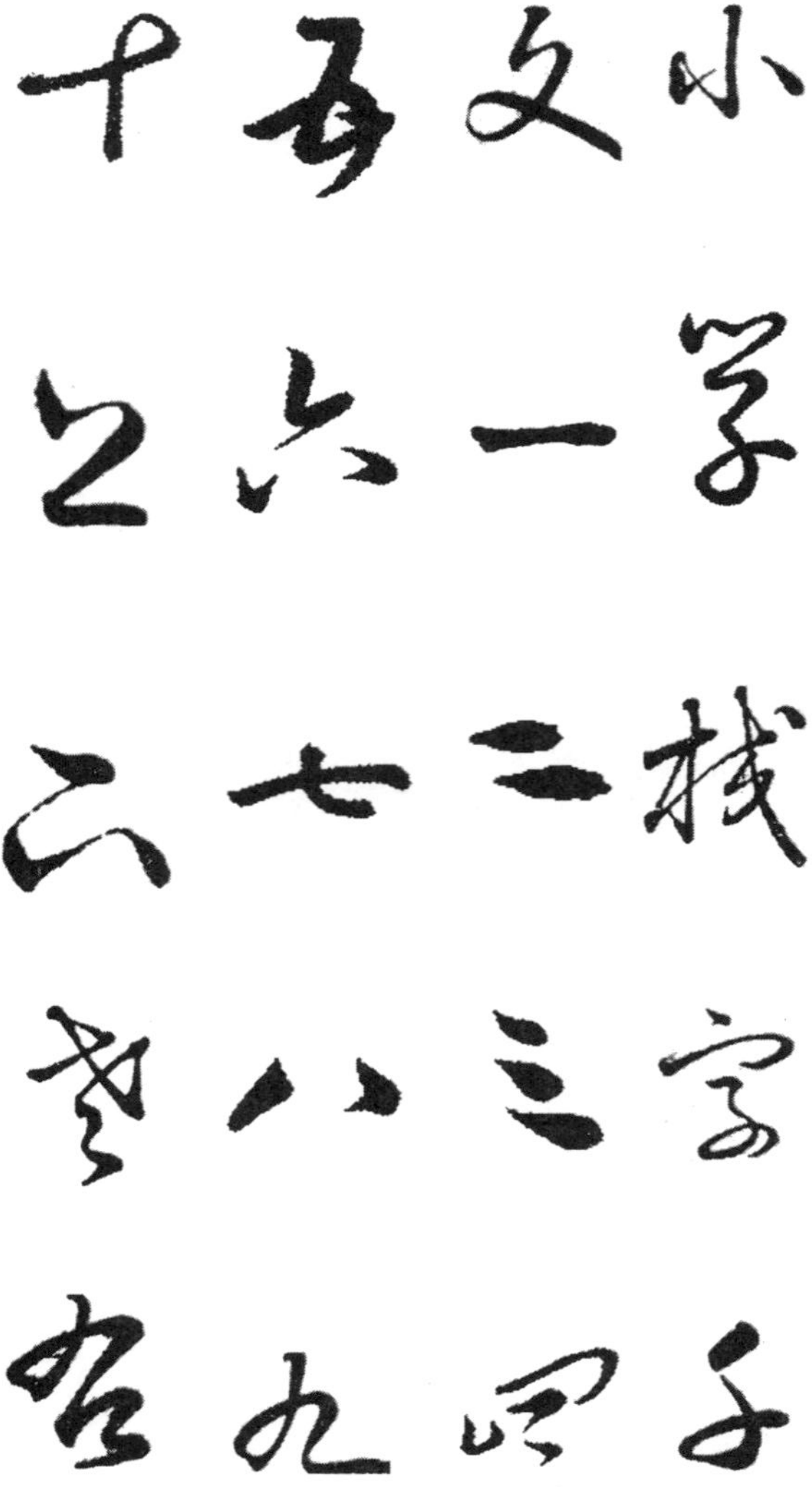

解答と演習

小学校字千　文一二三四　五六七八九　十上下左右

・これから小学校の漢字
千字文を学びます
・書いておほえよう
一二三四五六七八九十
上下左右からてす

これから小学校の漢字
千文字を学びます
書いておぼえよう
一二三四五六七八九十
上下左右からです

小学校一年生で習う漢字❷

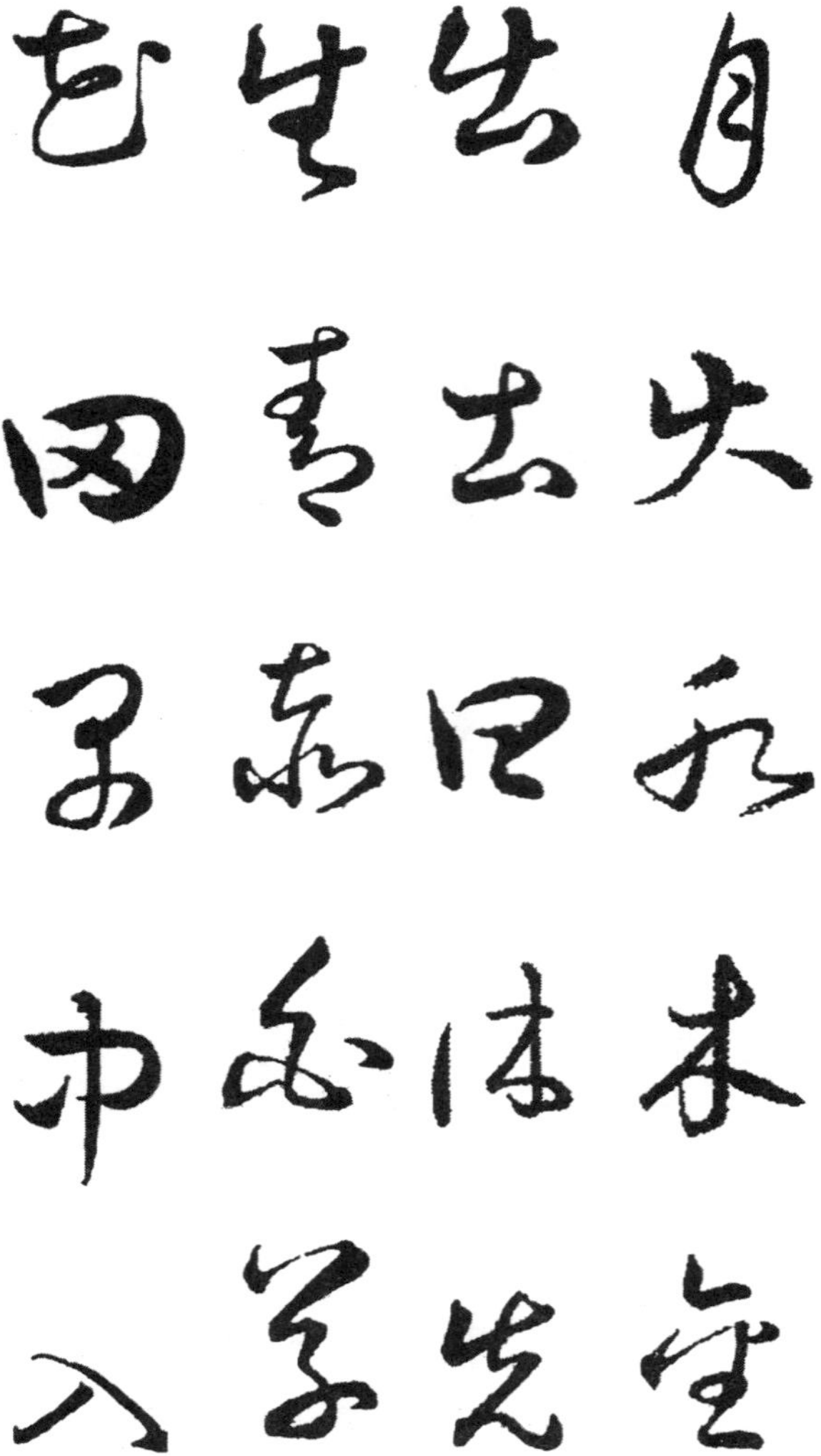

解答と演習

月火水木金　出土日休先　生青赤白草　花田早中入

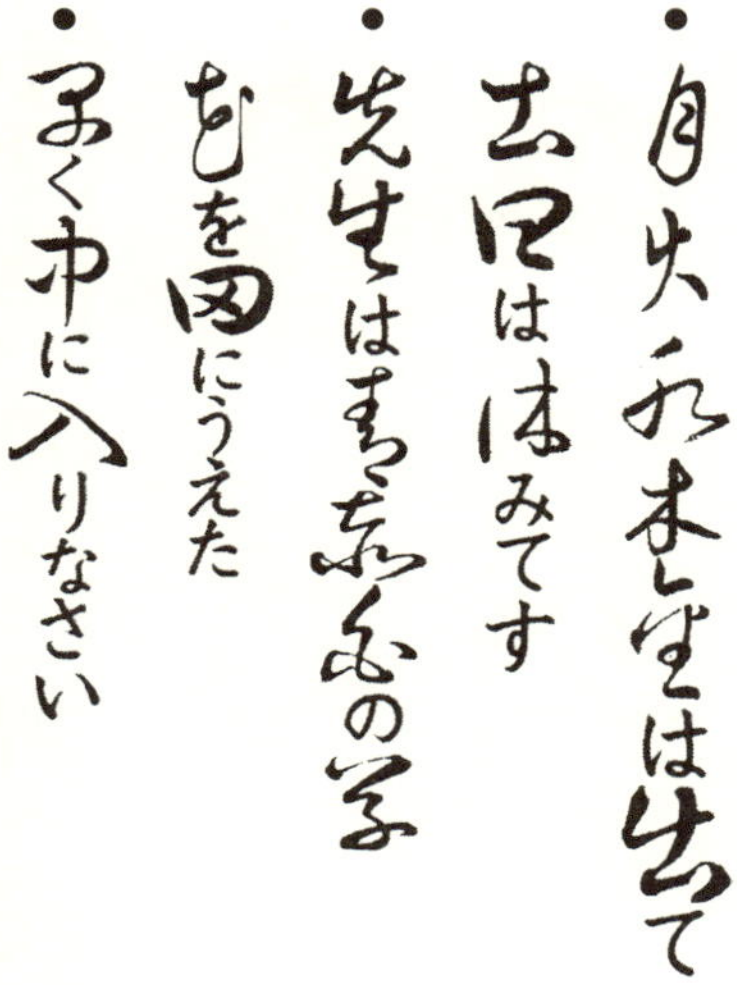

月火水木金は出て
土日は休みです
先生は青赤白の草
花を田にうえた
早く中に入りなさい

小学校一年生で習う漢字③

解答と演習

村力大男目　立犬女子雨　口耳手足山　川森林百年

・村の力もちの大男は
とても目立つ
・犬をつれた女の子は雨て
口も耳も手足もぬれた
・あの山や川　森や林は
百年たってもかわらない

村の力もちの大男は
とても目立つ
犬をつれた女の子は雨で
口も耳も手足もぬれた
あの山や川　森や林は
百年たってもかわらない

小学校一年生で習う漢字④

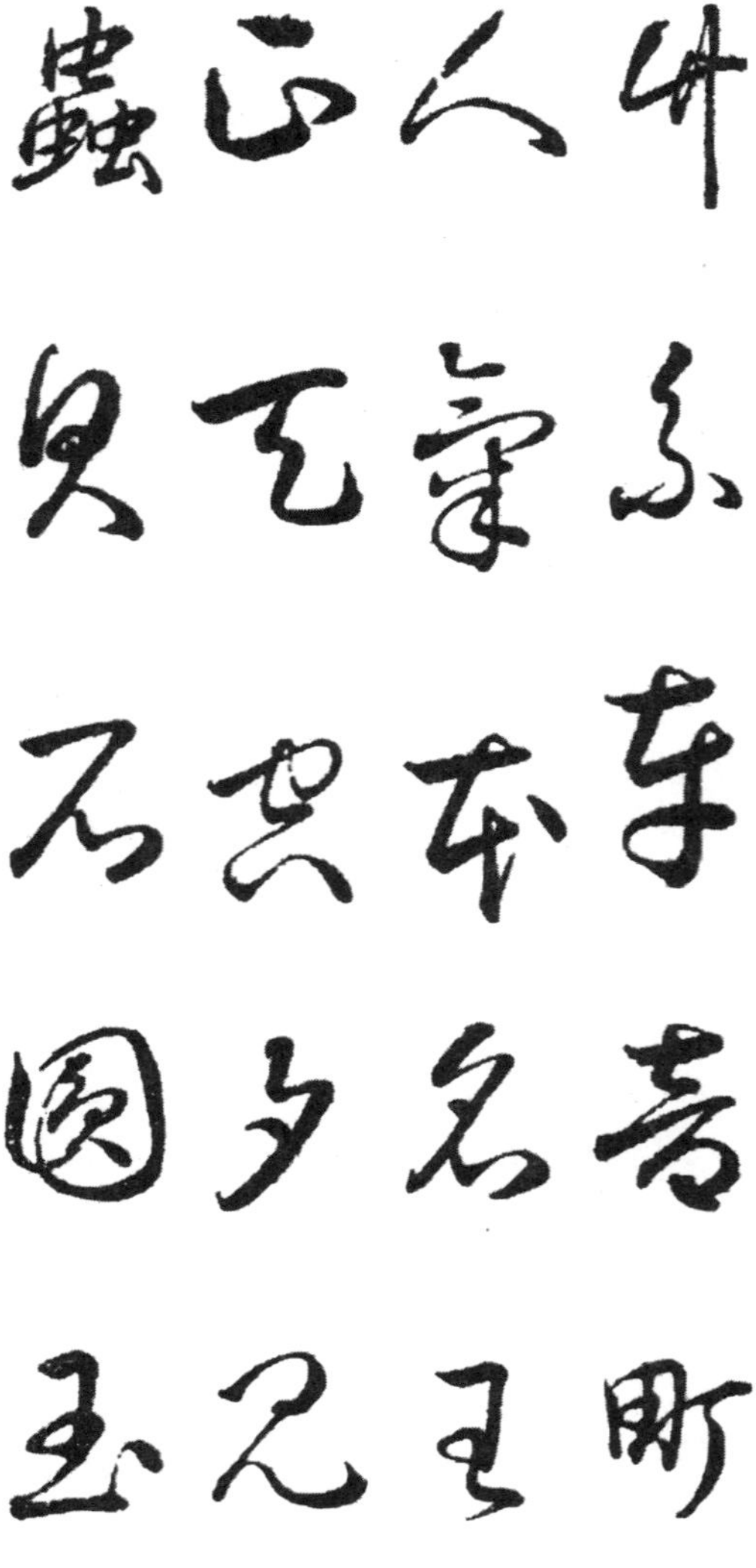

解答と演習

竹糸車音町　人気本名王　正天空夕見
虫（蟲）貝石円（圓）玉

〈注〉蟲は虫の、圓は円の旧字

- 竹ててきた糸車の音を
- 町の人は気にする
- この本には名王の正しさ
  か書いてある
- 天空に夕日か見える
- この蟲と貝と石は一圓玉大た

竹でできた糸車の音を
町の人は気にする
この本には名王の正しさ
が書いてある
天空に夕日が見える
この虫と貝と石は一円玉大だ

二年生の教育漢字　百六十字

一年生で習う教育漢字は、二〇一七年の小学校学習指導要領でも今まで通り百六十字で変更がありませんでした。

二年生の教育漢字百六十字　音読み順

引羽雲園遠何科夏家歌画回会海絵外角
楽活間丸岩顔汽記帰弓牛魚京強教近兄
形計元言原戸古午後語工公広交光考行
高黄合谷国黒今才細作算止市矢姉思紙
寺自時室社弱首秋週春書少場色食心新
親図数西声星晴切雪船線前組走多太体
台地池知茶昼長鳥朝直通弟店点電刀冬
当東答頭同道読内南肉馬売買麦半番父
風分聞米歩母方北毎妹万明鳴毛門夜野
友用曜来里理話

小学校二年生で習う漢字❶

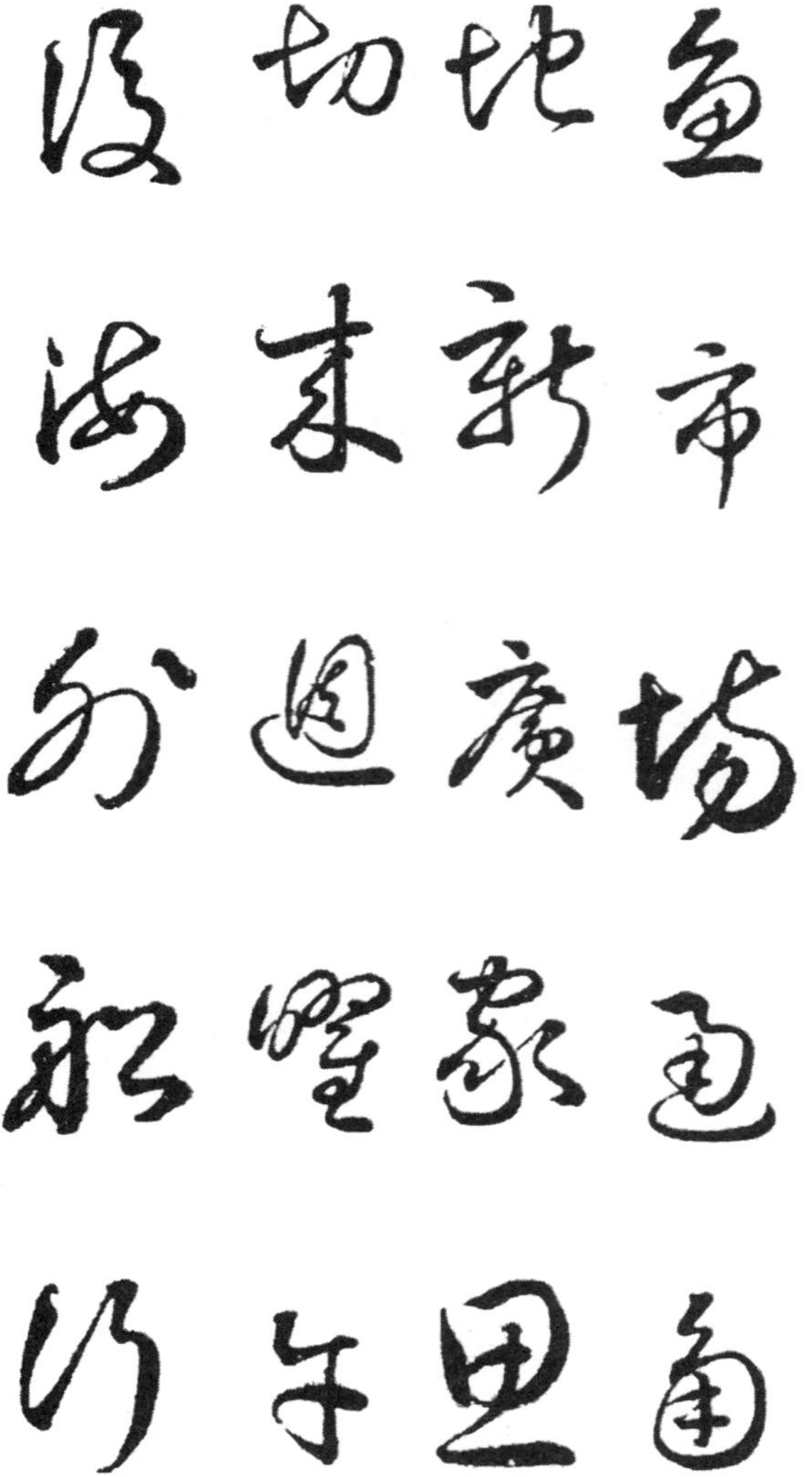

解答と演習

魚市場通角　地新広（廣）家思　切来週曜午　後海外船行

〈注〉廣は広の旧字

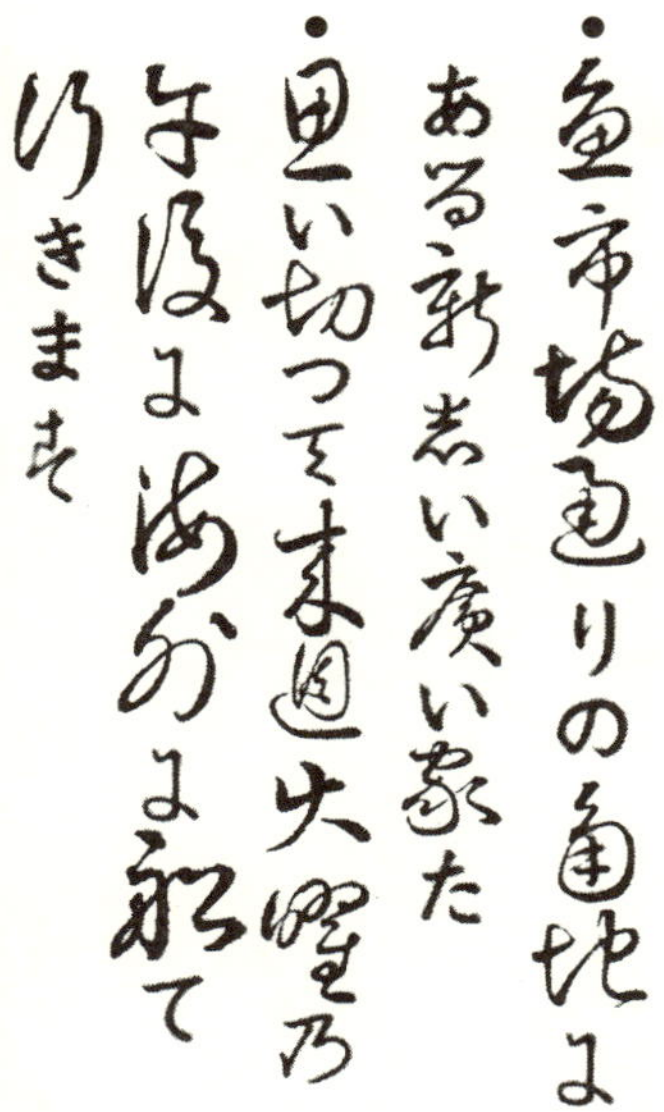

魚市場通りの角地に
ある新しい広い家だ
思い切って来週火曜の
午後に海外に船で
行きます

小学校二年生で習う漢字❷

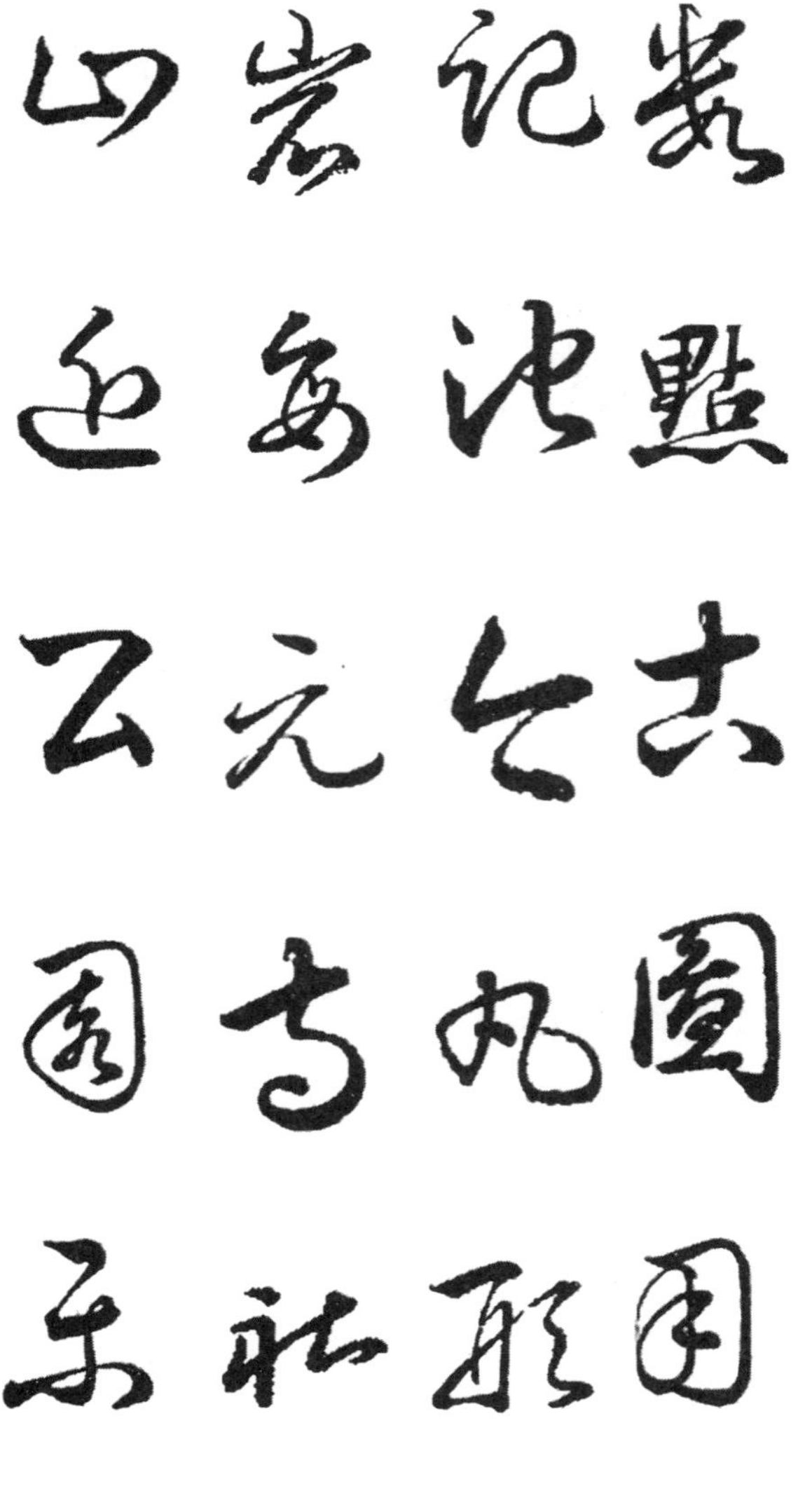

解答と演習

数点（點）　古図（圖）用　記池今丸形　岩毎元寺社

止近公園楽

〈注〉點は点の、圖は図の旧字

楽は薬（三年❹）とセットで覚えましょう

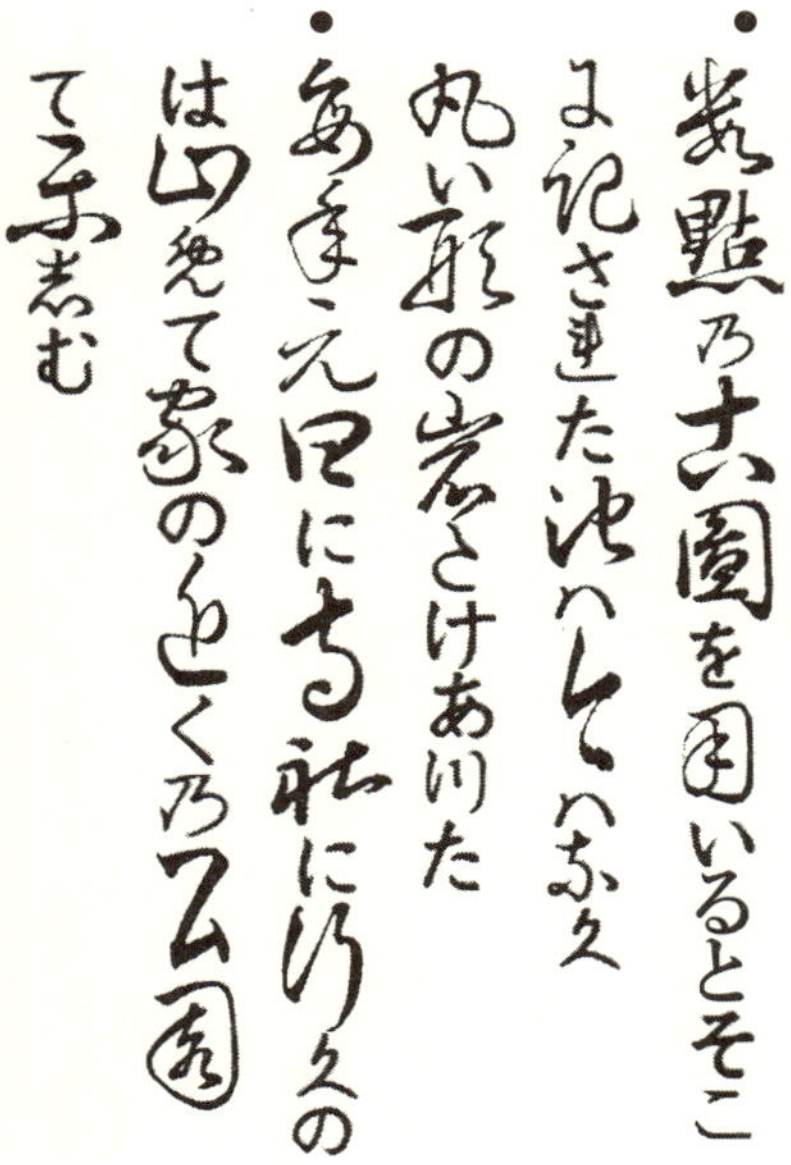

数点の古図を用るとそこ
に記された池は今はなく
丸い形の岩だけあった
毎年元日に寺社に行くの
は止めて家の近くの公園
で楽しむ

小学校二年生で習う漢字③

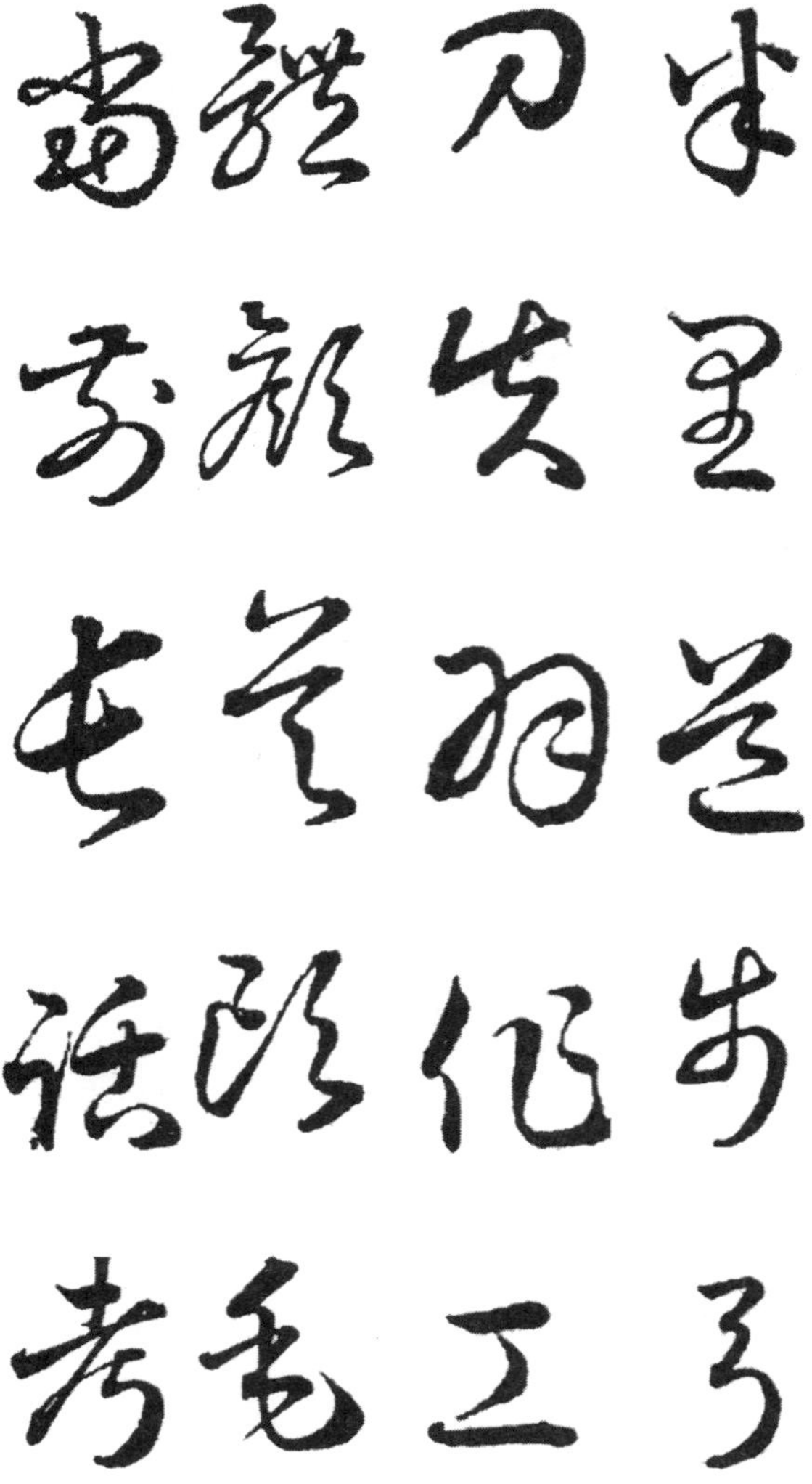

解答と演習

半里道歩弓　刀矢羽作工　体（體）顔首頭毛

当（當）前長話考

〈注〉體は体の、當は当の旧字

・半里の道を歩いて行く
と弓刀矢羽を作る工場
かある

・体に顔や首　頭の毛か
あるのハ當たり前た

・長話ハ考えものた

半里の道を歩いて行く
と弓刀矢羽を作る工場
がある
体に顔や首　頭の毛が
あるのは当たり前だ
長話は考えものだ

小学校二年生で習う漢字④

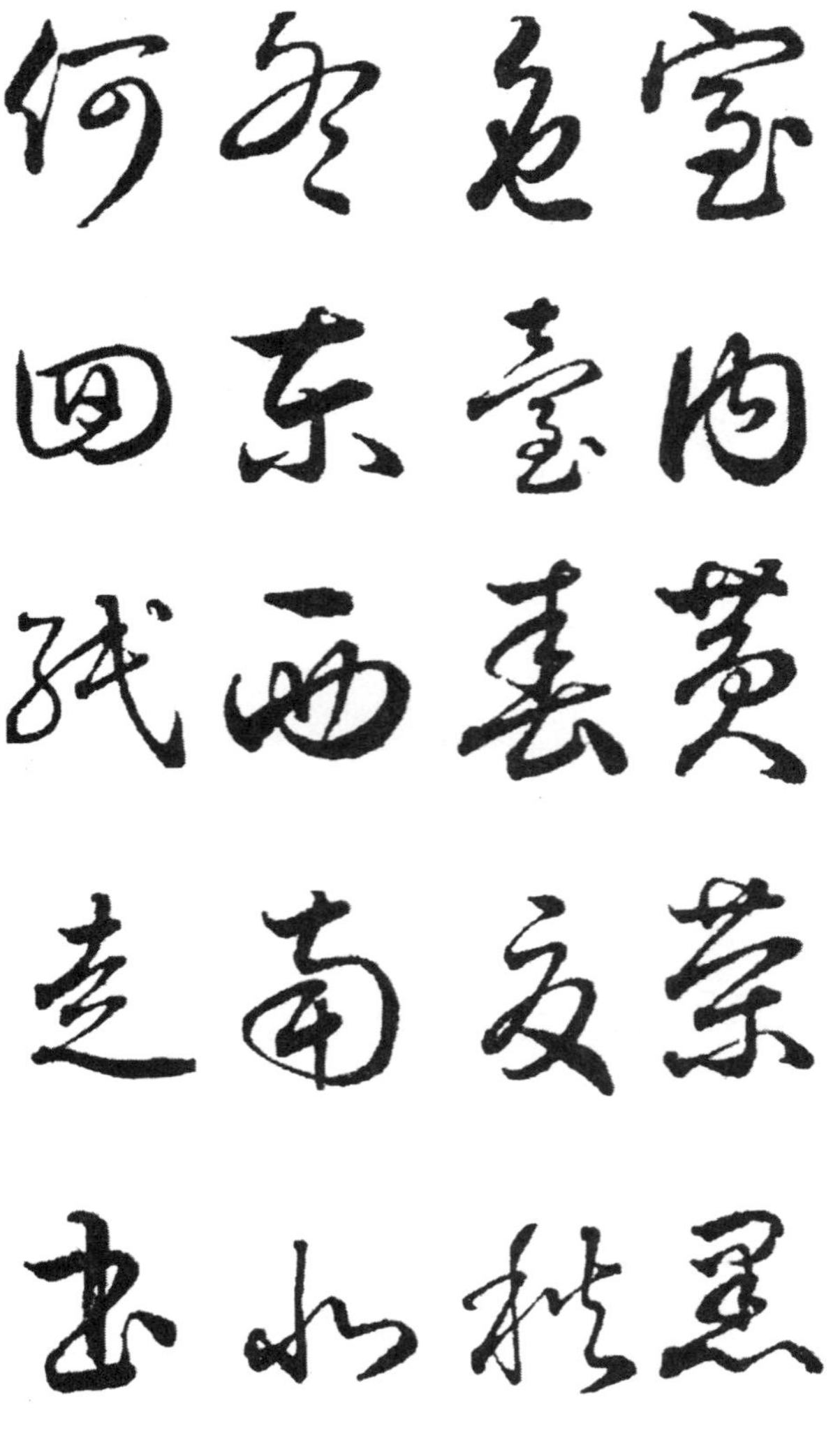

解答と演習

室内黄茶黒　色台（臺）春夏秋　冬東西南北

何回（囬）紙走書　〈注〉臺は台の旧字、回は囬が通用語として使われた

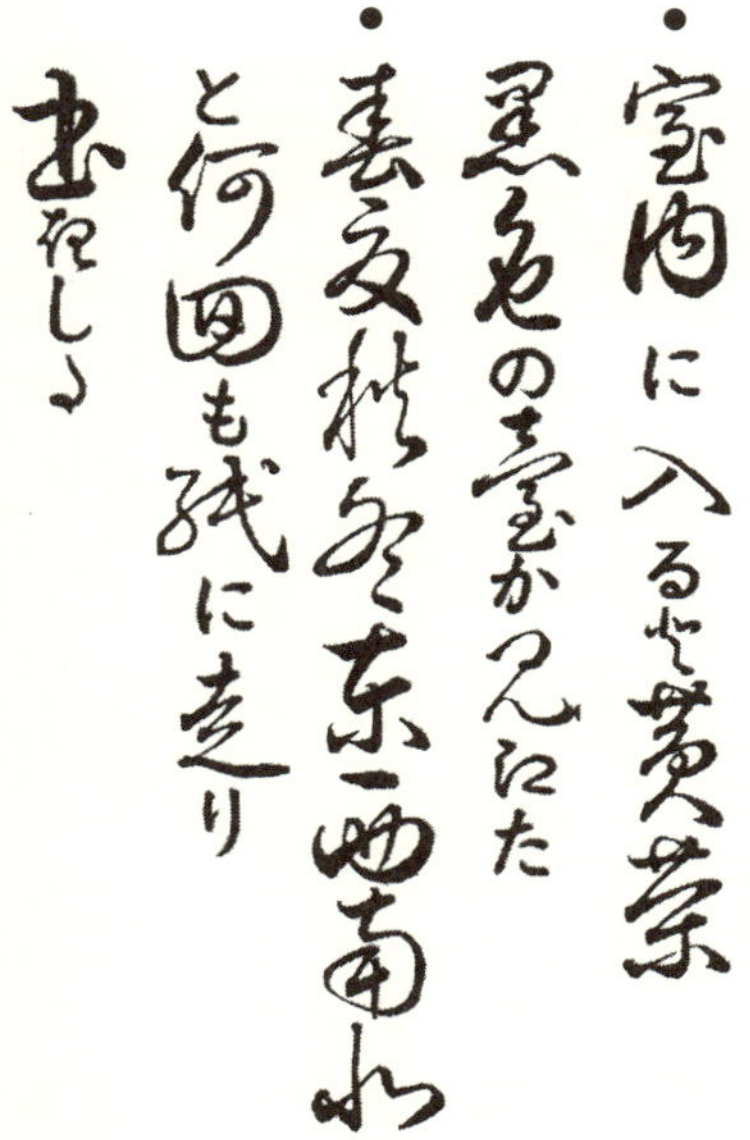

室内に入ると黄茶
黒色の台が見えた
春夏秋冬東西南北
と何回も紙に走り
書きした

小学校二年生で習う漢字⑤

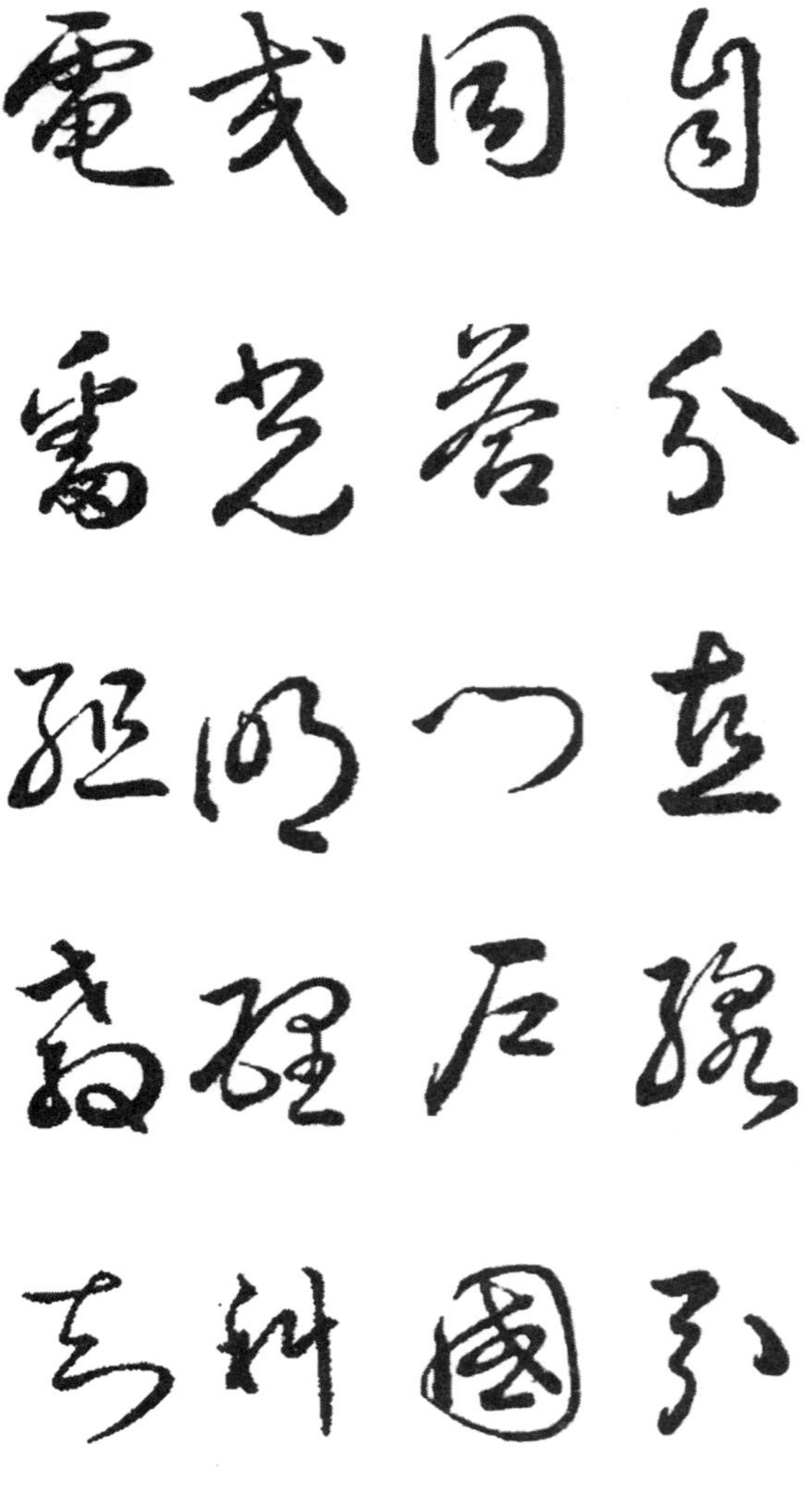

解答と演習

自分直線引　同答門戸国（國）　交光明理科　電番組教知

〈注〉國は国の旧字

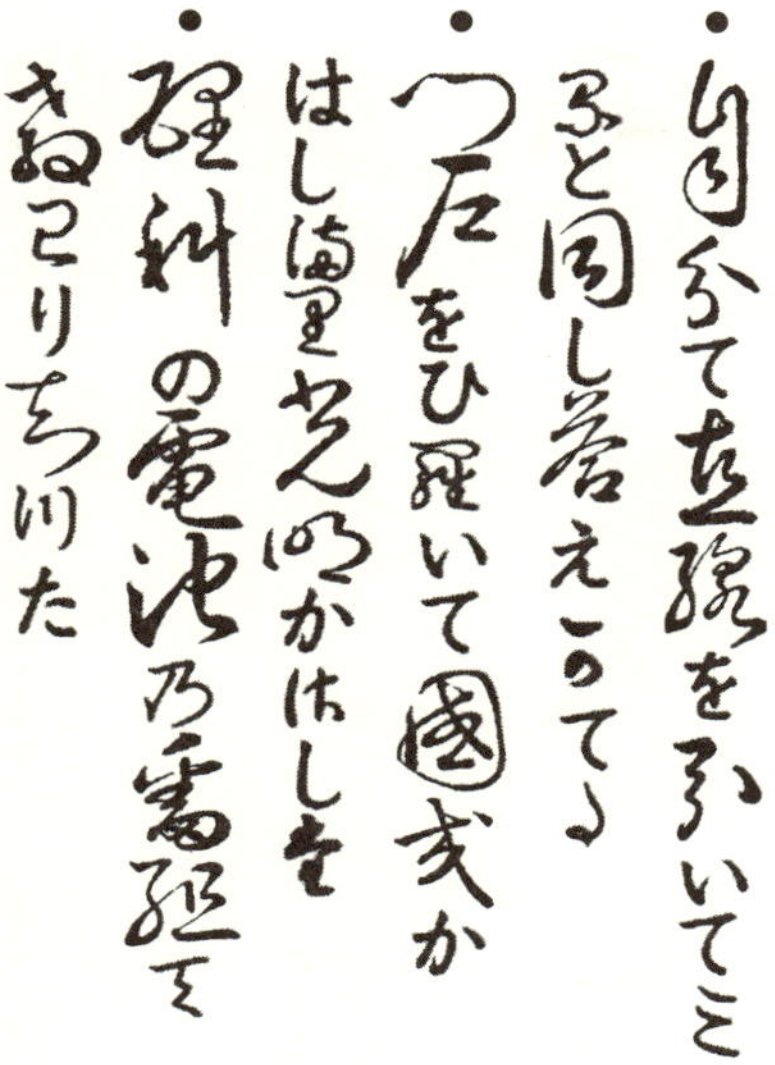

自分で直線を引いてみると同じ答えがでた
門戸をひらいて国交がはじまり光明がさした
理科の電池の番組で教わり知った

小学校二年生で習う漢字⑥

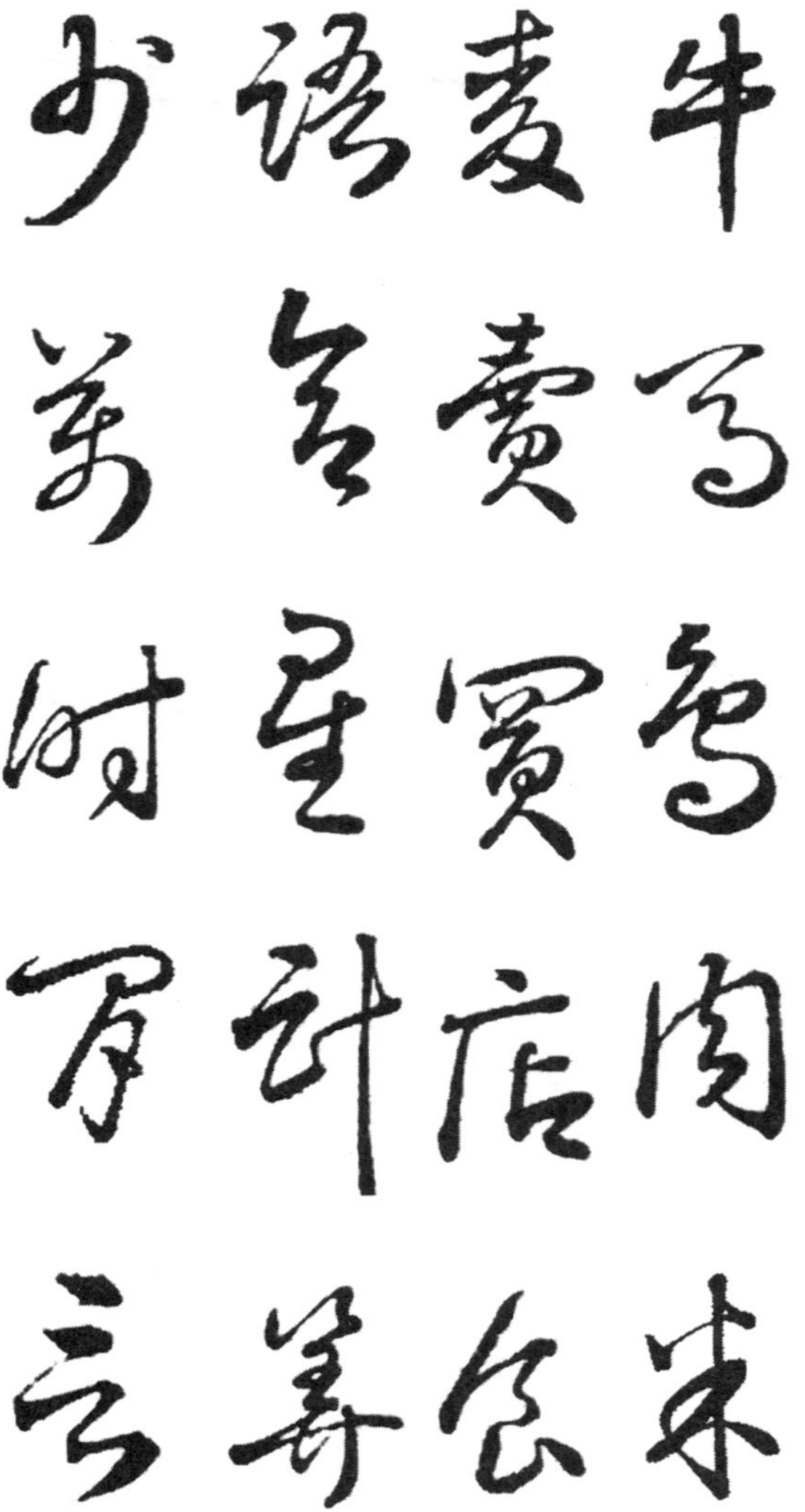

解答と演習

牛馬鳥肉米　麦売（賣）買店食　語合星計算

少万（萬）時（时）間言

〈注〉賣は売の、萬は万の旧字
時は时が通用語として使われた

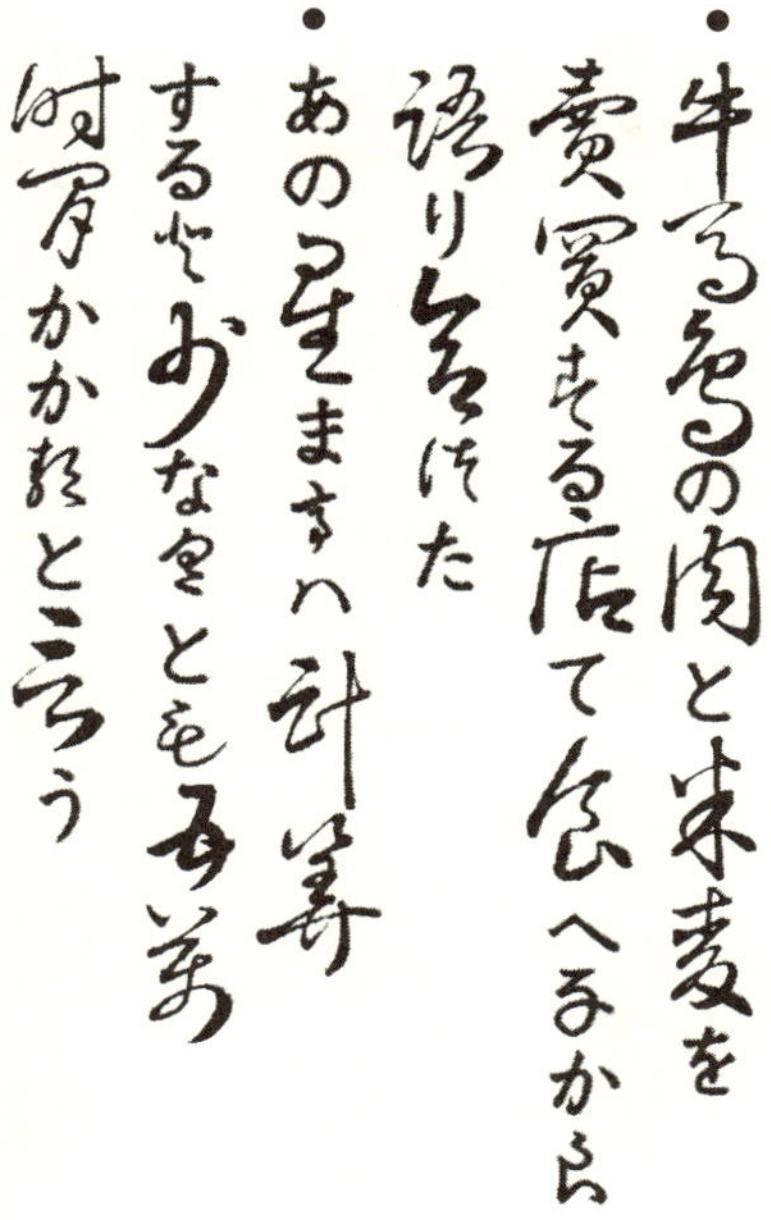

牛馬鳥の肉と米麦を
売買する店で食べながら
語り合った
あの星までは計算
すると少なくとも
五万時間かかると言う

小学校二年生で習う漢字⑦

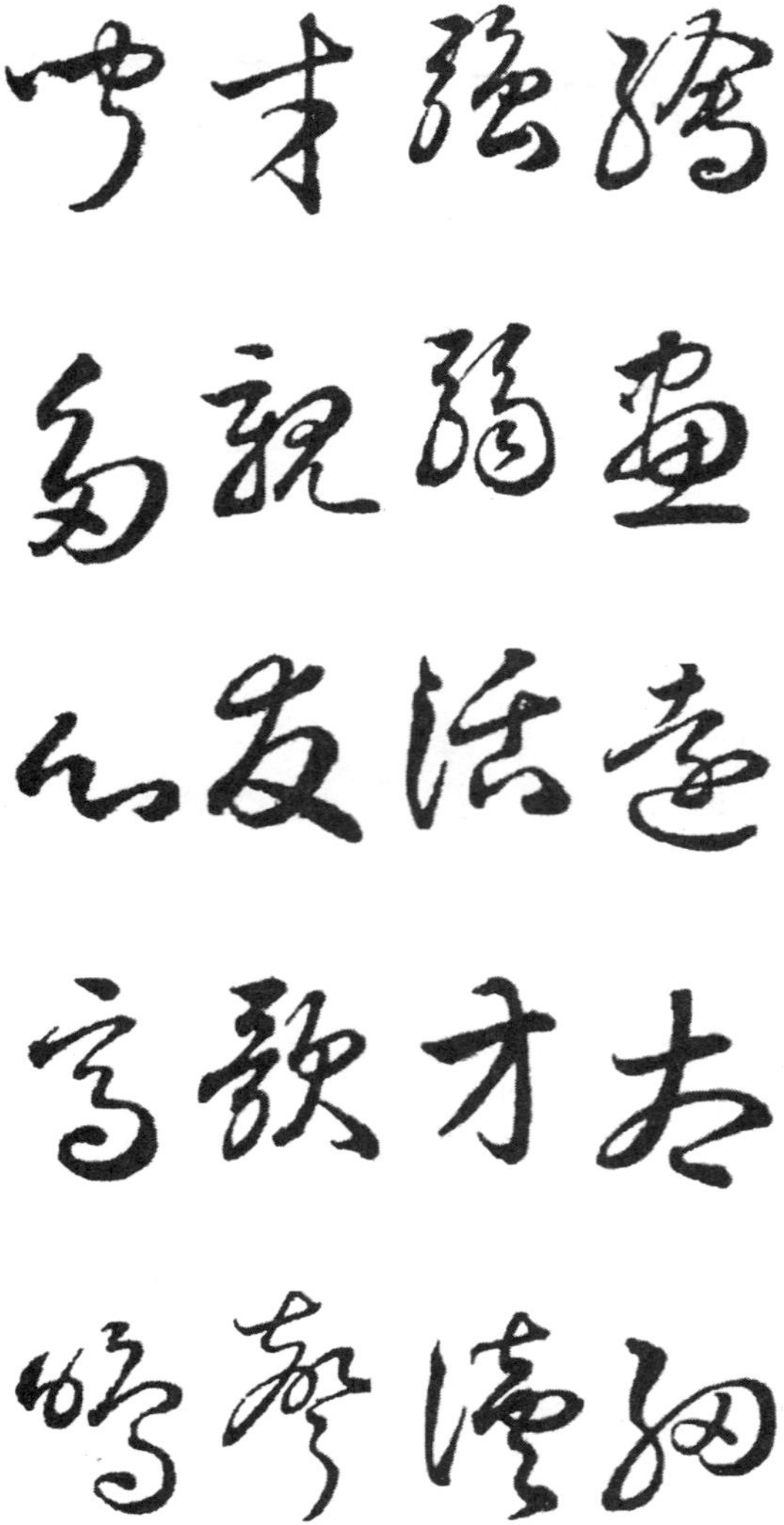

解答と演習

絵（繪）画（畫）遠太細　強弱活方読（讀）　才親友歌声（聲）
聞多心高鳴

〈注〉繪は絵の、畫は画の、讀は読の、聲は声の旧字

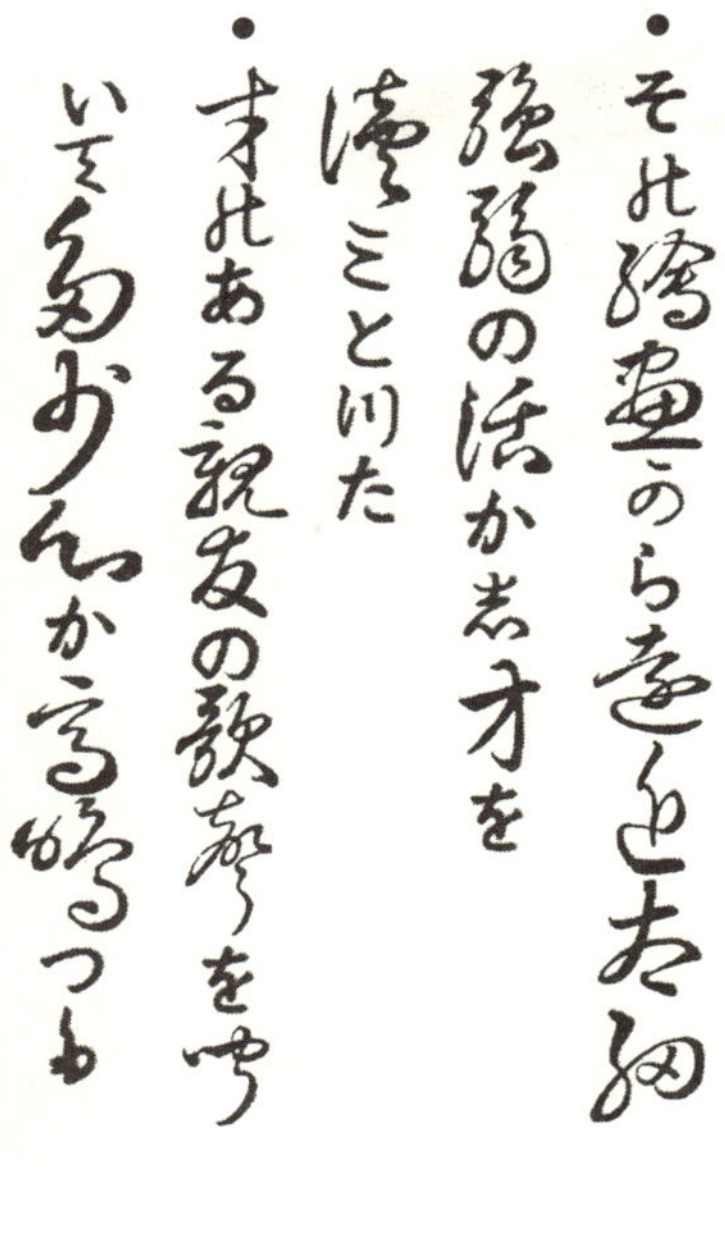

その絵画から遠近、太細、
強弱の活かし方を
読みとった
才のある親友の歌声を聞
いて多少心が高鳴った

小学校二年生で習う漢字❽

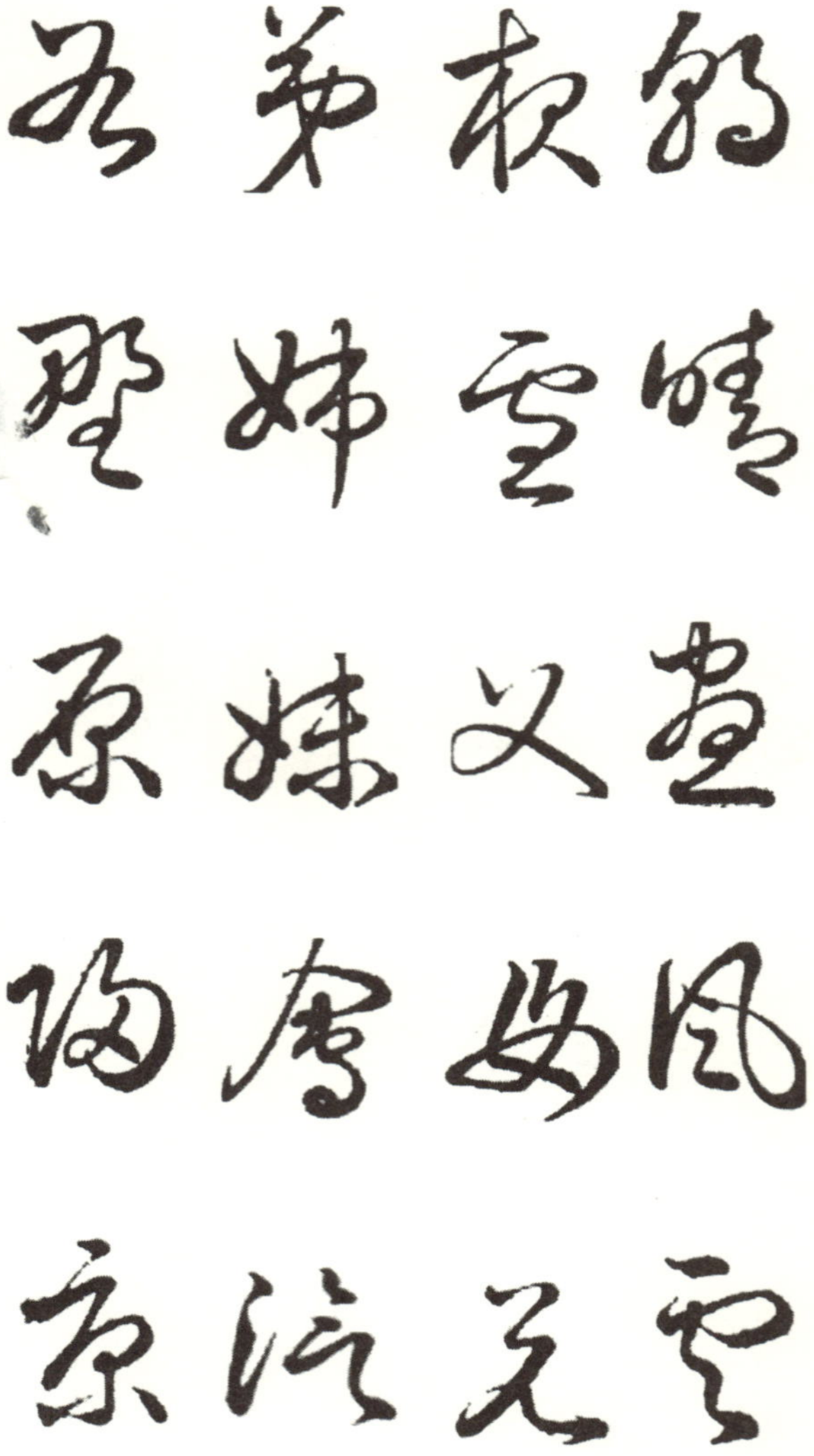

三年生の教育漢字二百字　音読み順

悪安暗医委意育員院飲運泳駅央横屋温化荷
界開階寒感漢館岸起期客究急級宮球去橋業
曲局銀区苦具君係軽血決研県庫湖向幸港号
根祭皿仕死使始指歯詩次事持式実写者主守
取酒受州拾終習集住重宿所暑助昭消商章勝
乗植申身神真深進世整昔全相送想息速族他
打対待代第題炭短談着注柱丁帳調追定庭笛
鉄転都度投豆島湯登等動童農波配倍箱畑発
反坂板皮悲美鼻筆氷表秒病品負部服福物平
返勉放味命面問役薬由油有遊予羊洋葉陽様
落流旅両緑礼列練路和

小学校三年生で習う漢字❶

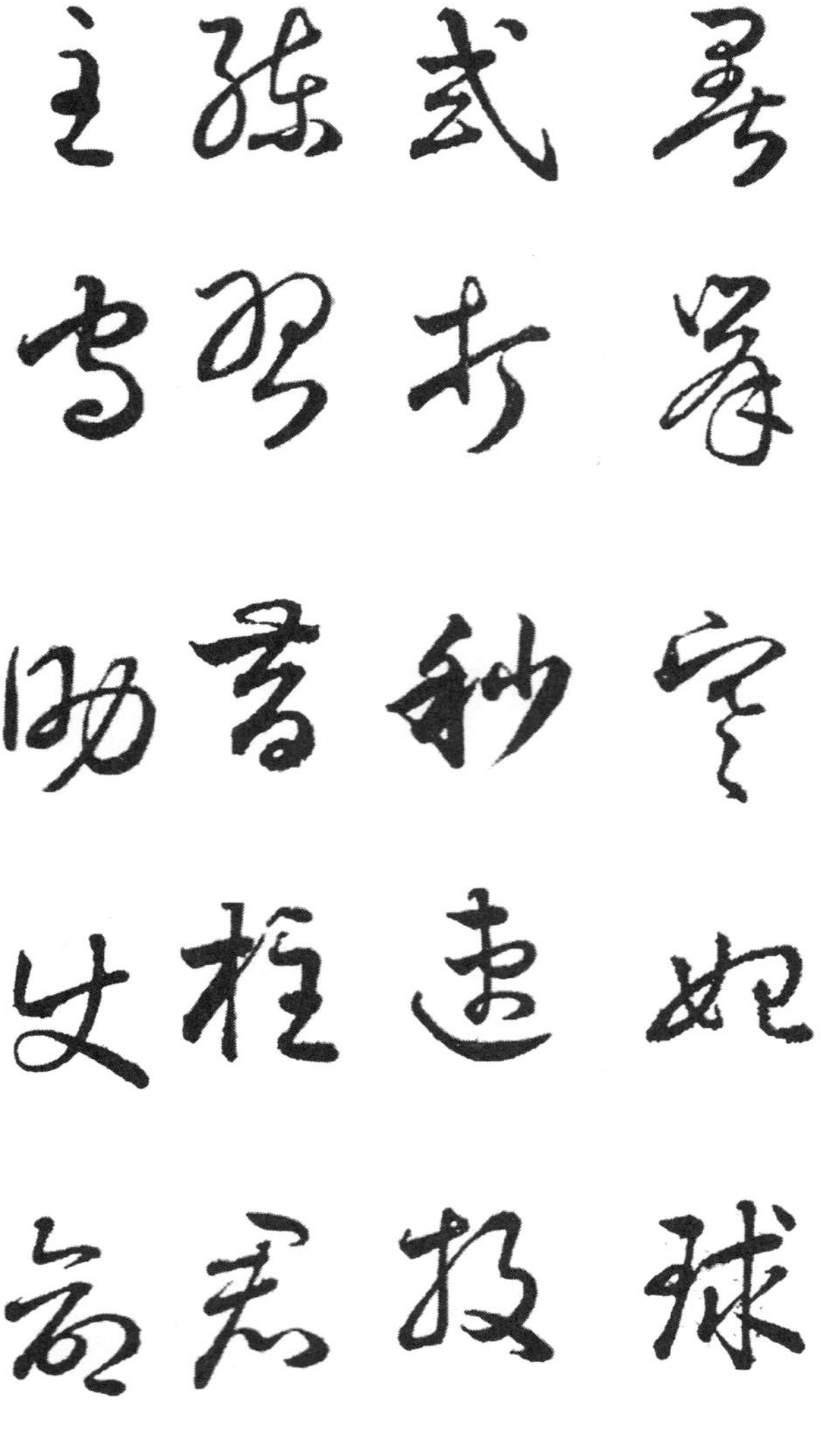

解答と演習

暑岸寒始球　式打秒速投　練習昔柱君　主守助使命

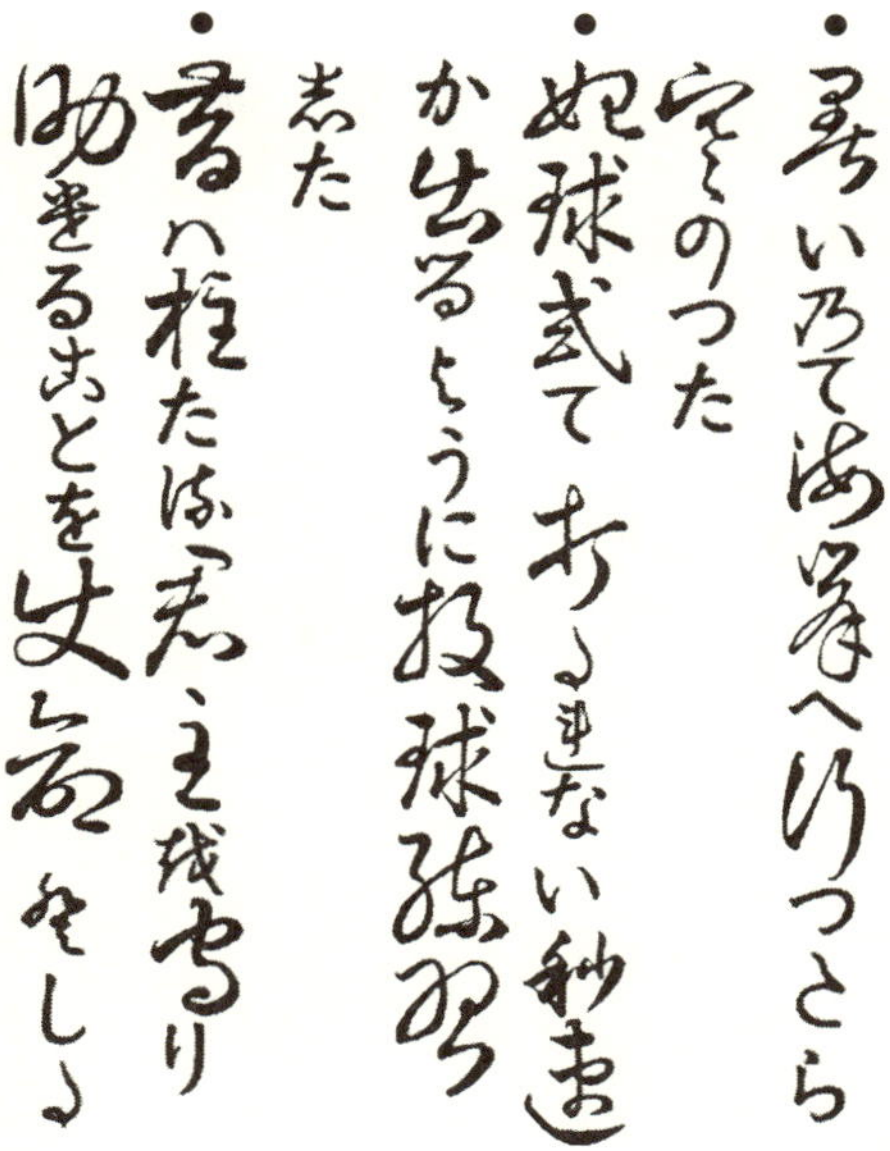

暑いので海岸へ行ったら
寒かった
始球式で打たれない秒速
が出るように投球練習
した
昔は柱たる君主を守り
助けることを使命とした

小学校三年生で習う漢字❷

解答と演習

流動世界平　和問題相談　緑昭遊短板　調度品箱配

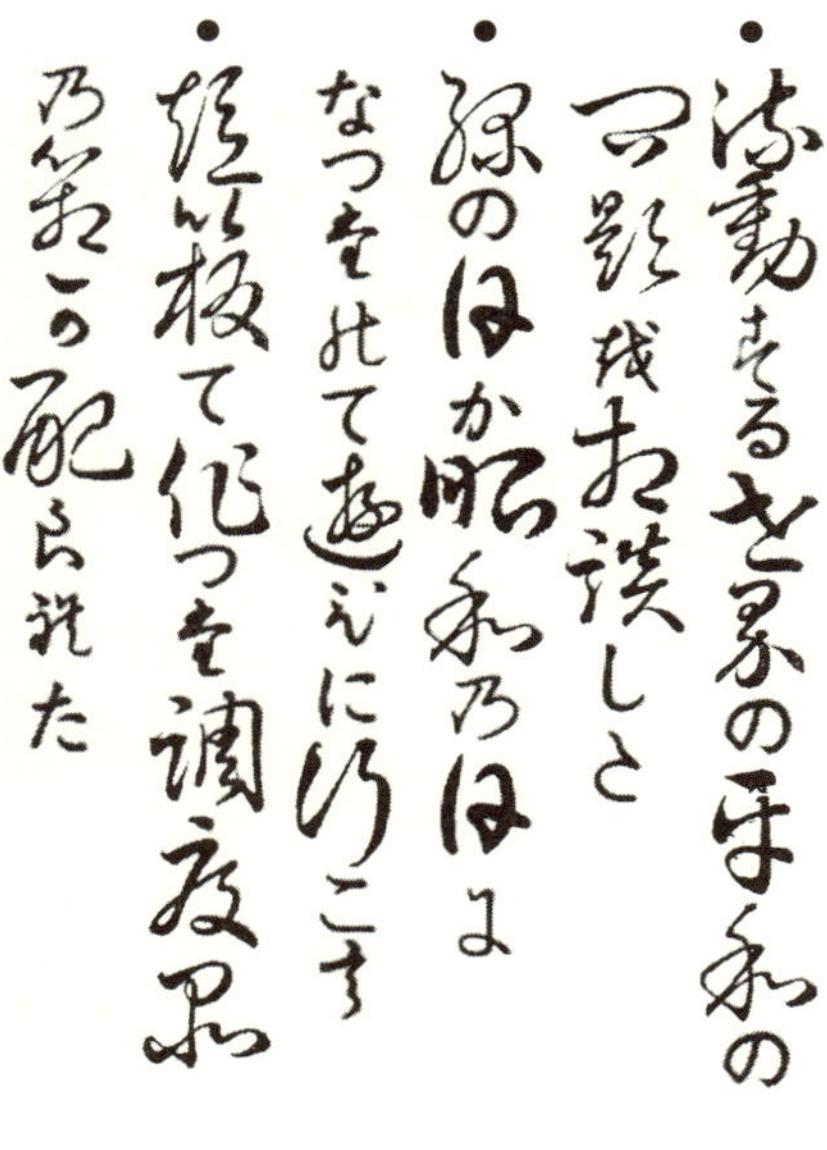

流動する世界の平和の問題を相談した
緑の日が昭和の日になったので遊びに行こう
短い板で作った調度品の箱が配られた

小学校三年生で習う漢字③

解答と演習

駅（驛）員荷物受　取仕事委童　育進路開橋　横笛曲暗悲

〈注〉驛は駅の旧字

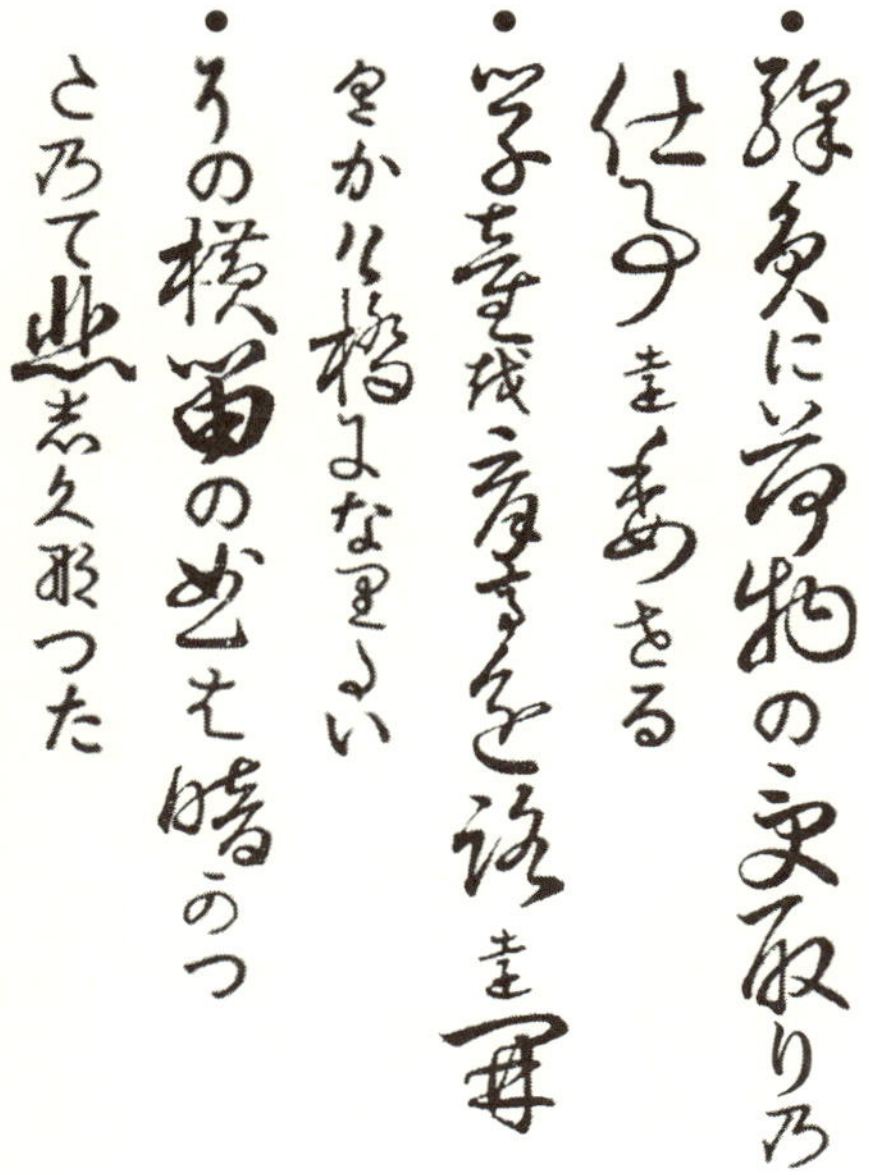

駅員に荷物の受取りの
仕事を委せる
学童を育て進路を開
くかけ橋になりたい
その横笛の曲は暗かっ
たので悲しくなった

小学校三年生で習う漢字④

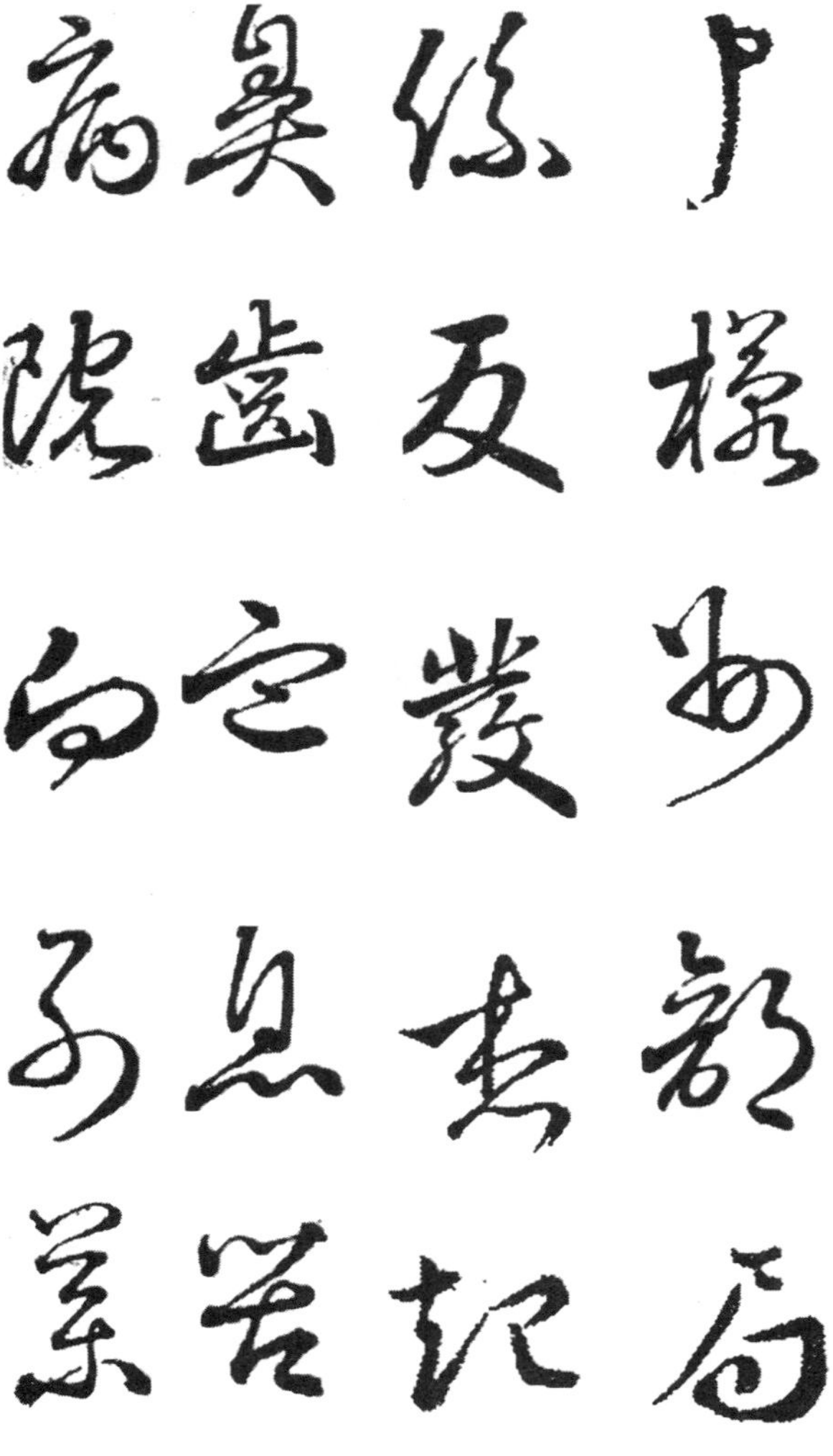

解答と演習

申様州部局　係反発（發）想起　鼻歯血息苦　病院向列薬

〈注〉發は発の旧字　薬は楽（二年❷）とセットで覚えましょう

その申し様は州の部局
の係員の反発を
想起させる
鼻や歯から血が出て
息が苦しい
病院では向こうの列に
ならんで薬をもらう

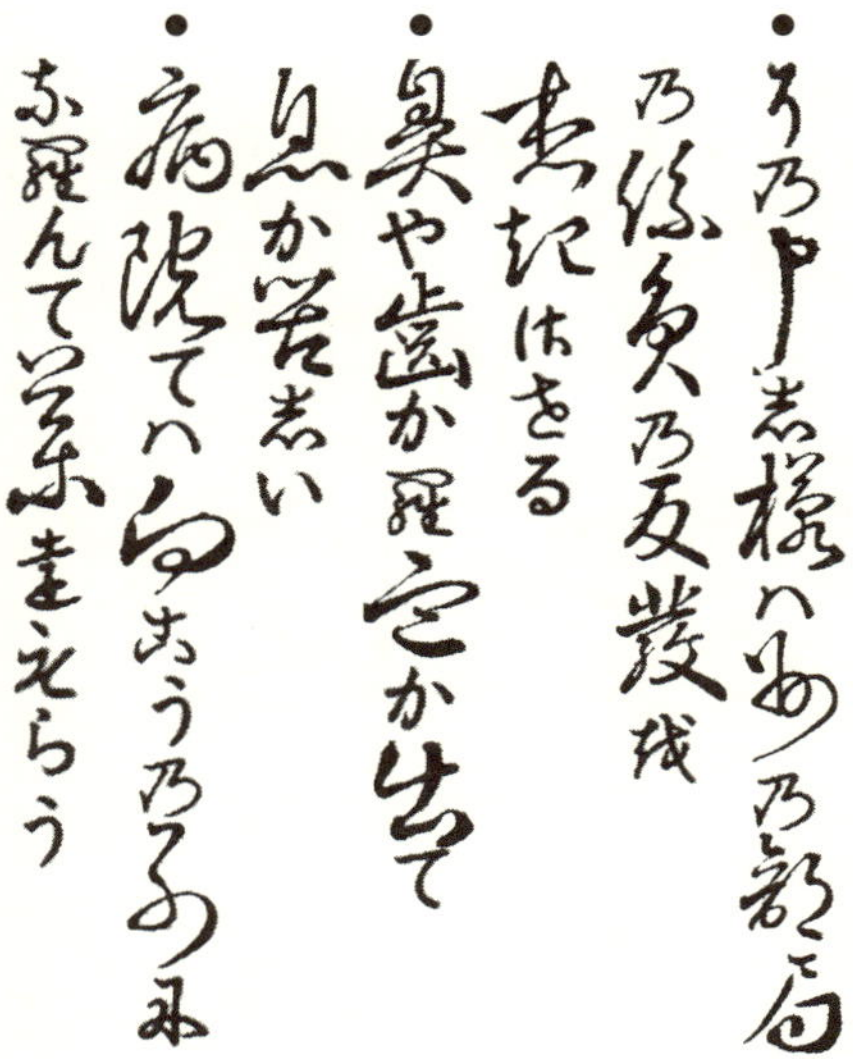

小学校三年生で習う漢字⑤

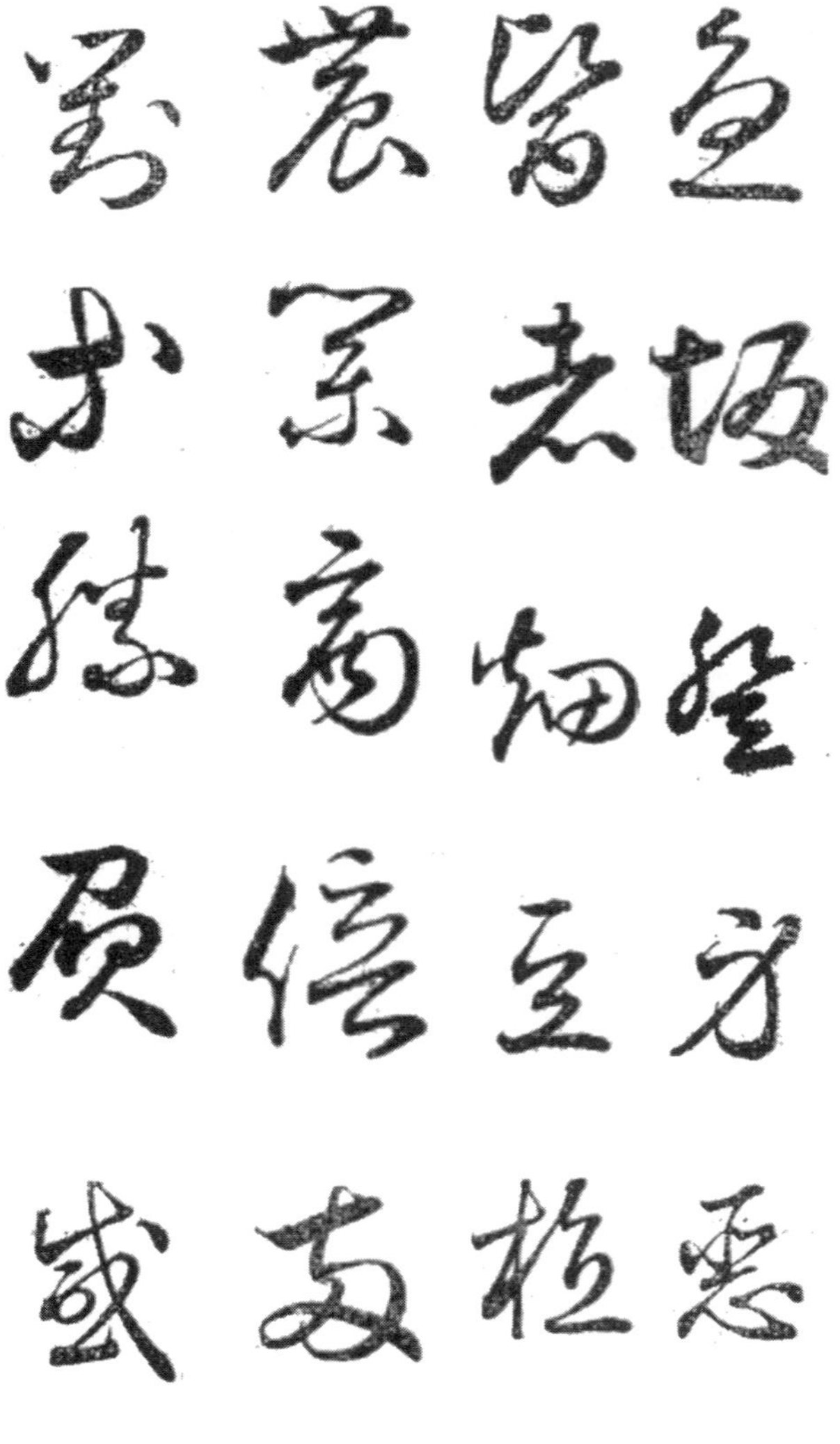

解答と演習

急坂登身悪　医（醫）者畑豆植　農業商倍両
対（對）等（寸）勝負感
〈注〉醫は医の、對は対の旧字　等のくずしは要注意

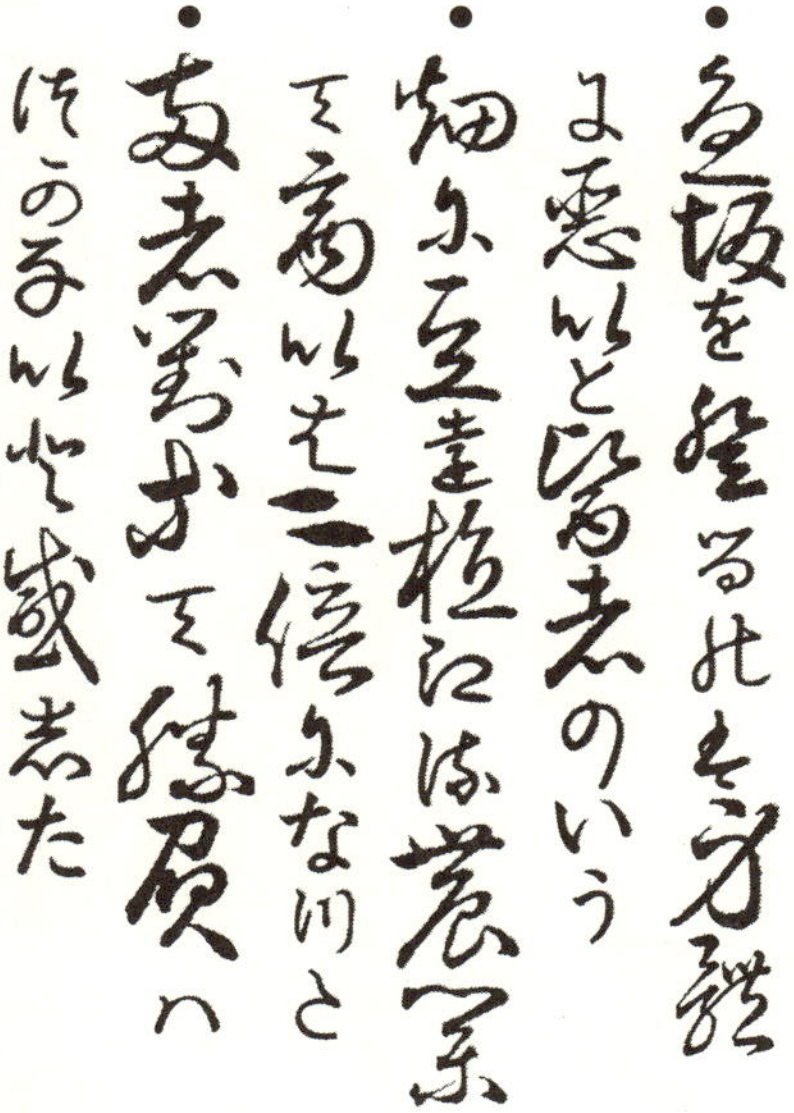

急坂を登るのは身体（體）
に悪いと医者がいう
畑に豆を植える農業
で商いは二倍になった
両者対等で勝負は
つかないと感じた

小学校三年生で習う漢字⑥

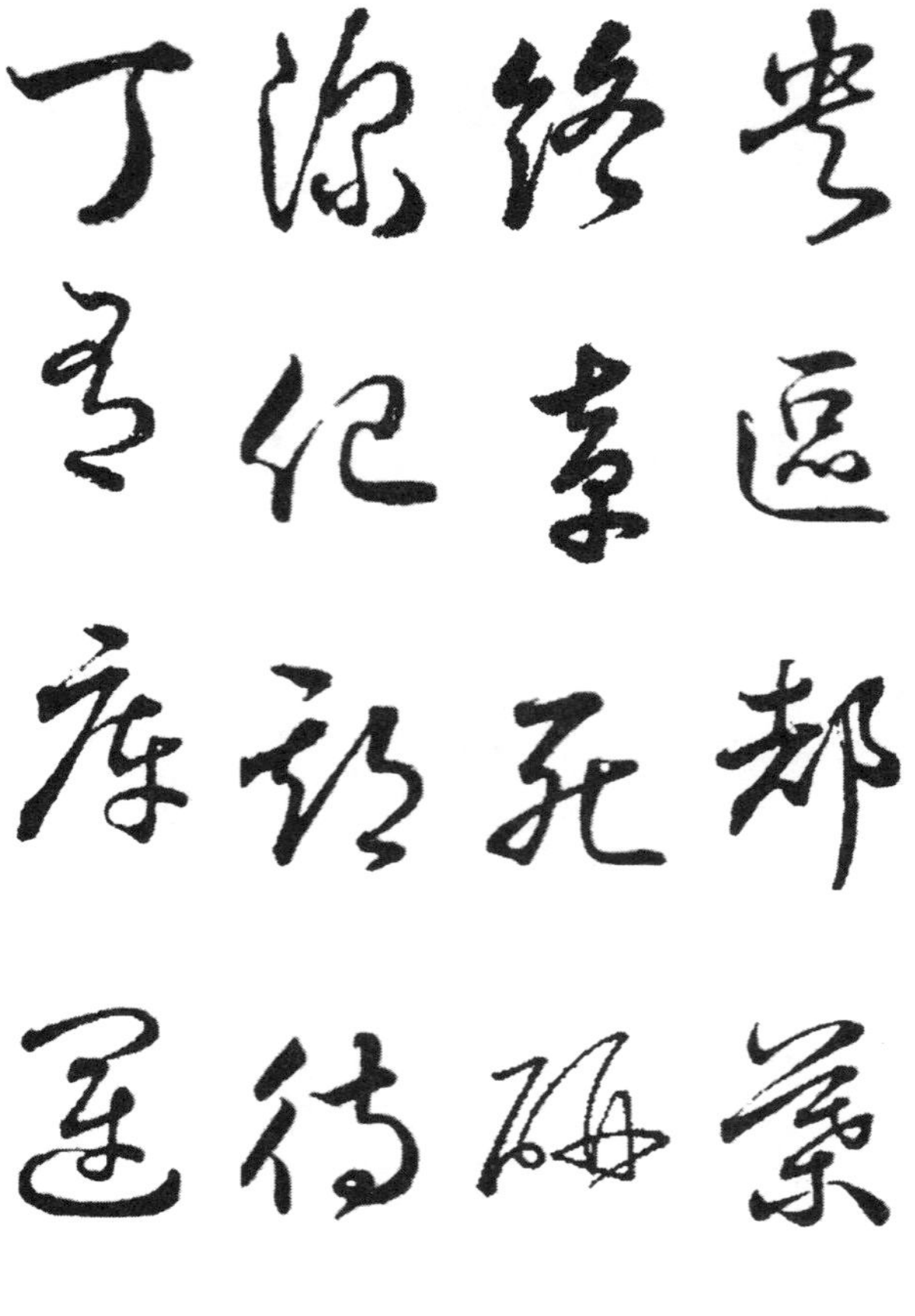

解答と演習

央区（區）都葉県（縣）　終章死研究　深化期待落
丁有庫運指　〈注〉區は区の、縣は県の旧字

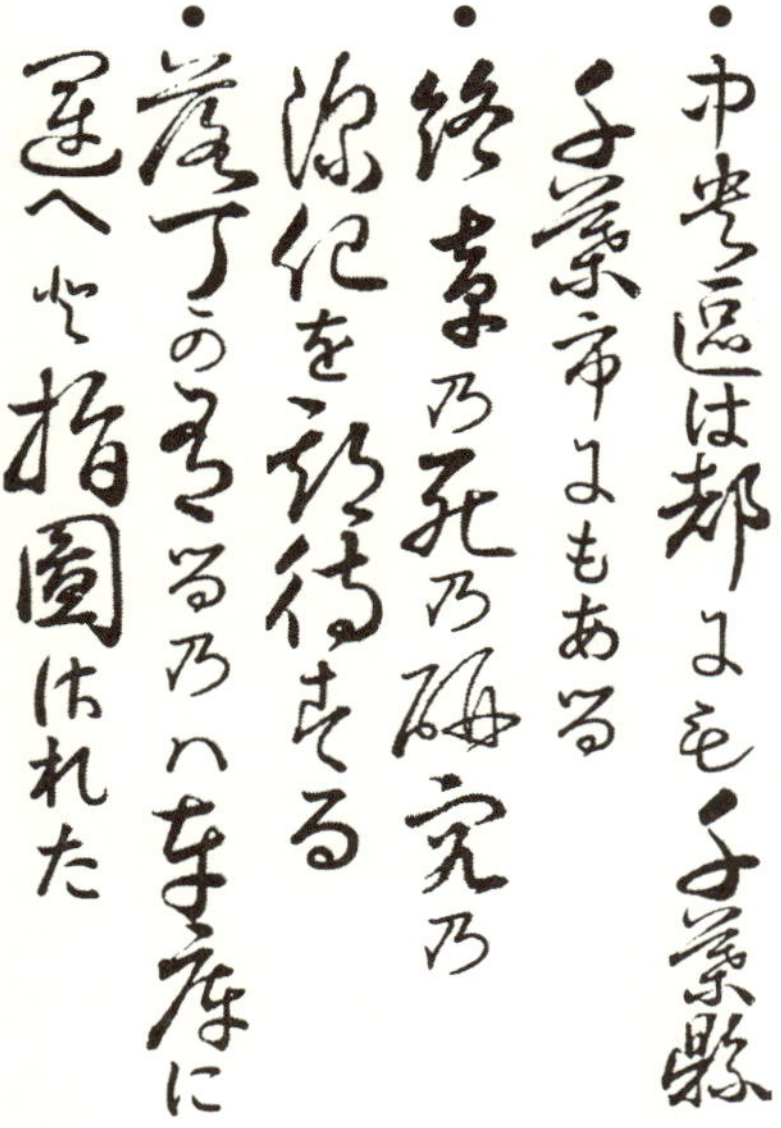

中央区は都にも千葉県
千葉市にもある
終章の死の研究の
深化を期待する
落丁が有るのは車庫に
運べと指図（圖）された

小学校三年生で習う漢字⑦

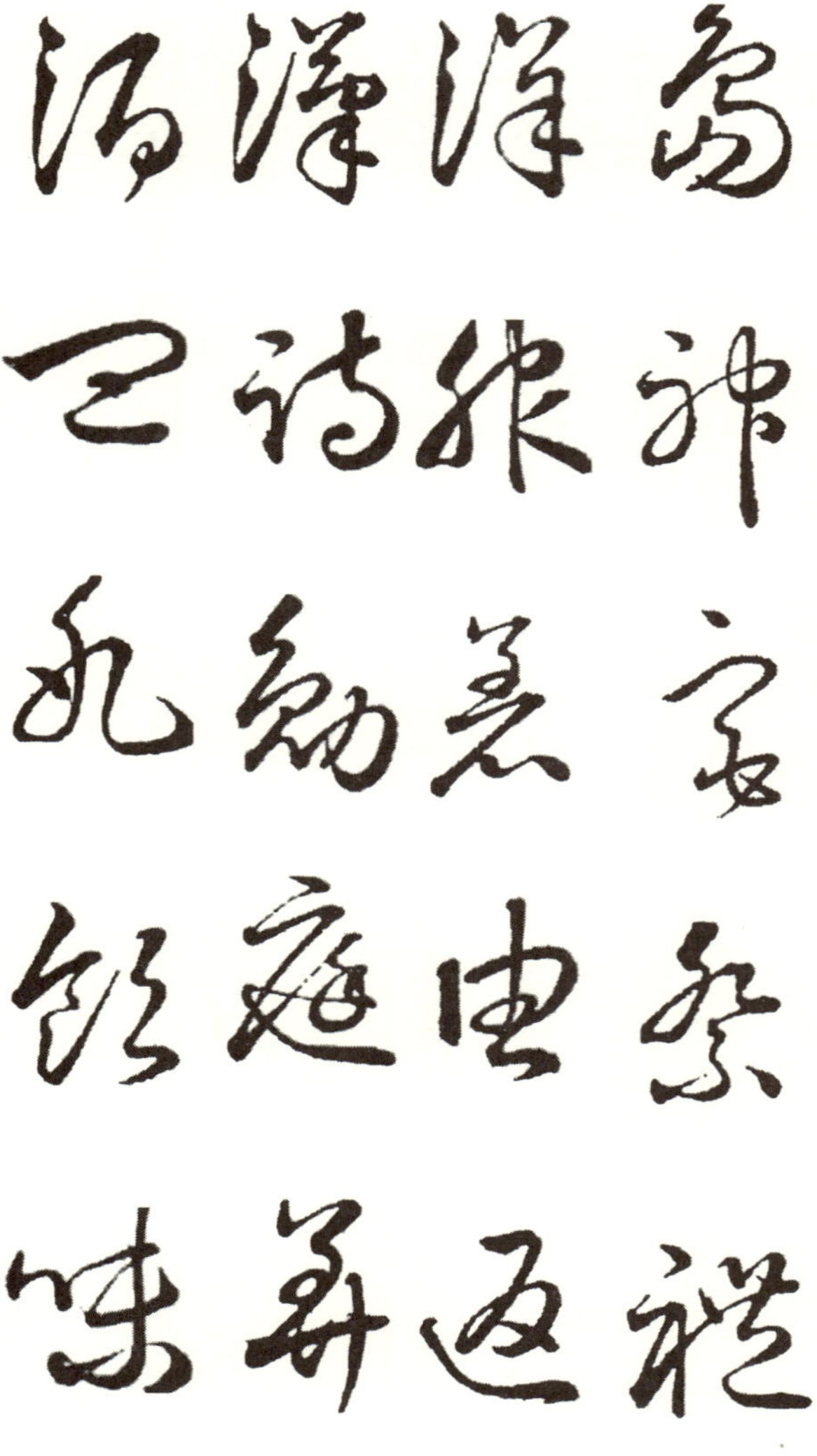

解答と演習

島神宮祭礼（禮）　洋服着由返　漢詩勉庭美　酒皿氷飲味

〈注〉禮は礼の旧字

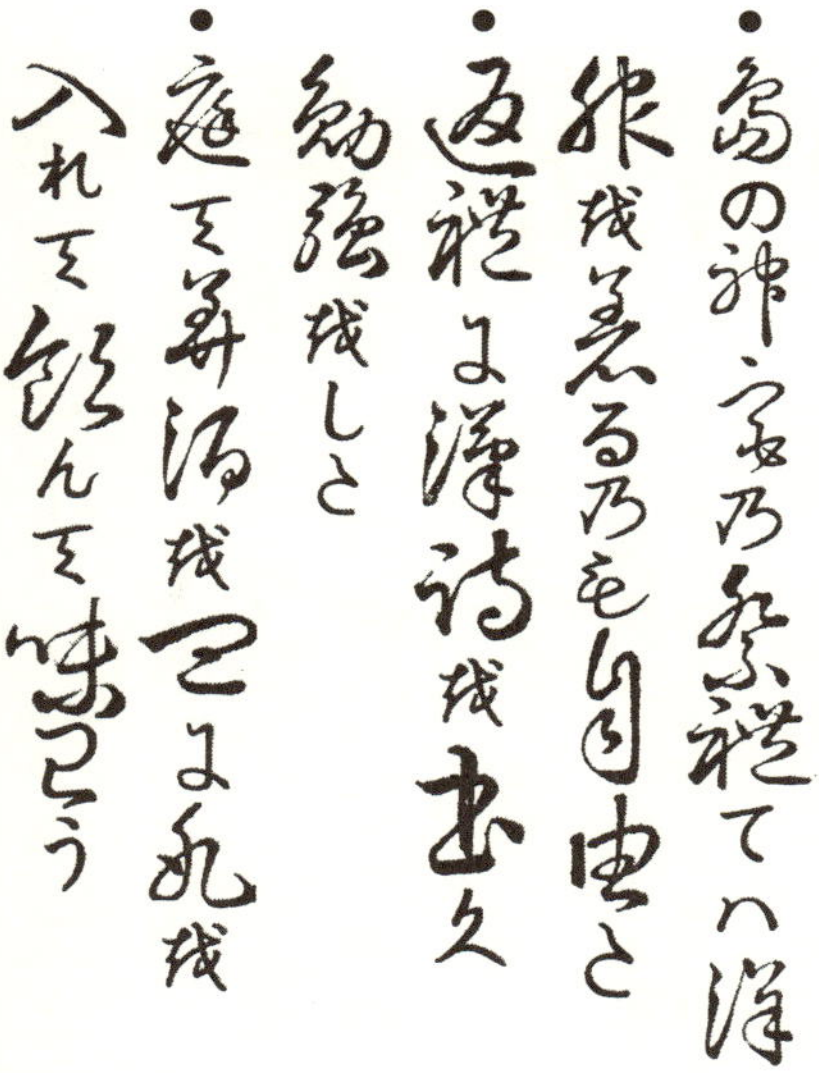

島の神宮の祭礼では洋服
を着るのも自由だ
返礼に漢詩を書く
勉強をした
庭で美酒を皿に氷を
入れて飲んで味わう

小学校三年生で習う漢字❽

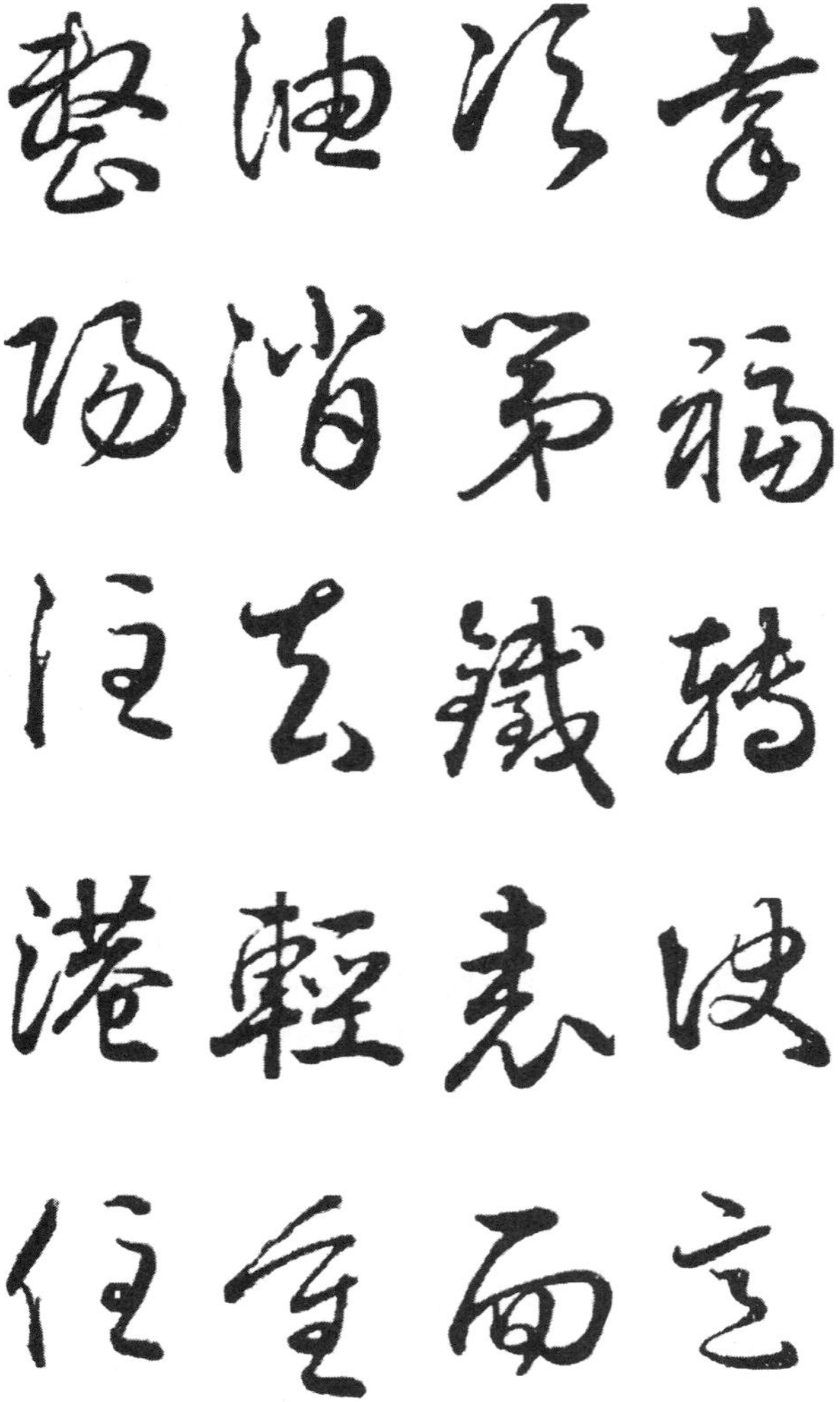

解答と演習

幸福転（轉）決意　次第鉄（鐵）表面　油消去軽（輕）重
整陽注港住

〈注〉轉は転の、鐵は鉄の、輕は軽の旧字

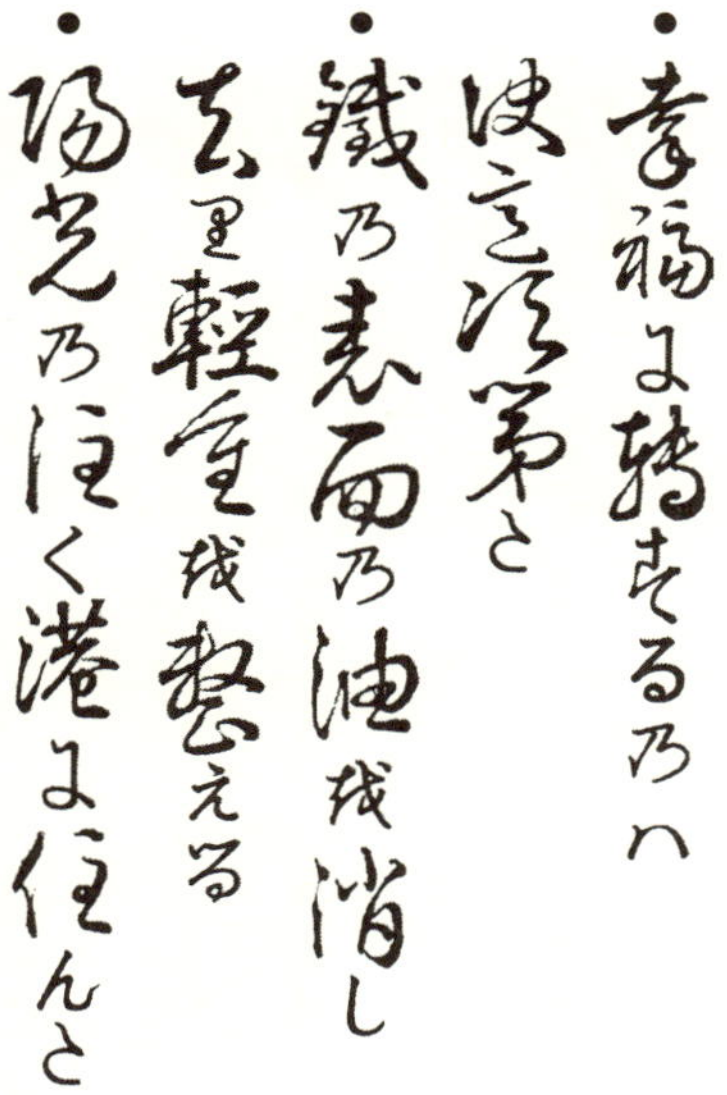

幸福に転ずるのは
決意次第だ
鉄の表面の油を消し
去り軽重を整える
陽光の注ぐ港に住んだ

小学校三年生で習う漢字⑨

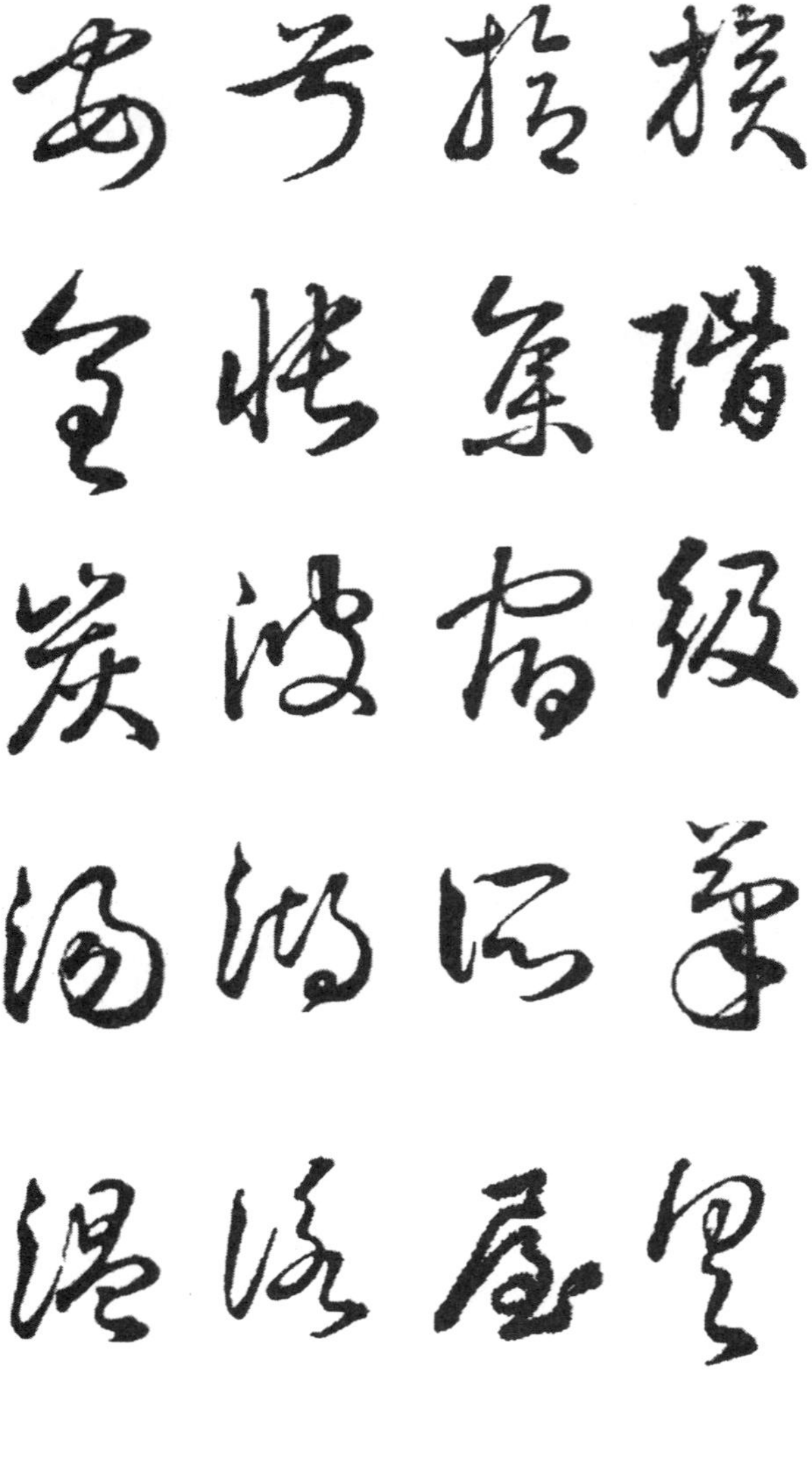

解答と演習

族階級筆具　拾集宿所屋　号帳波湖泳　安全炭湯温

〈注〉号は旧字の號で書かれることもある。所のくずしは覚えよう。

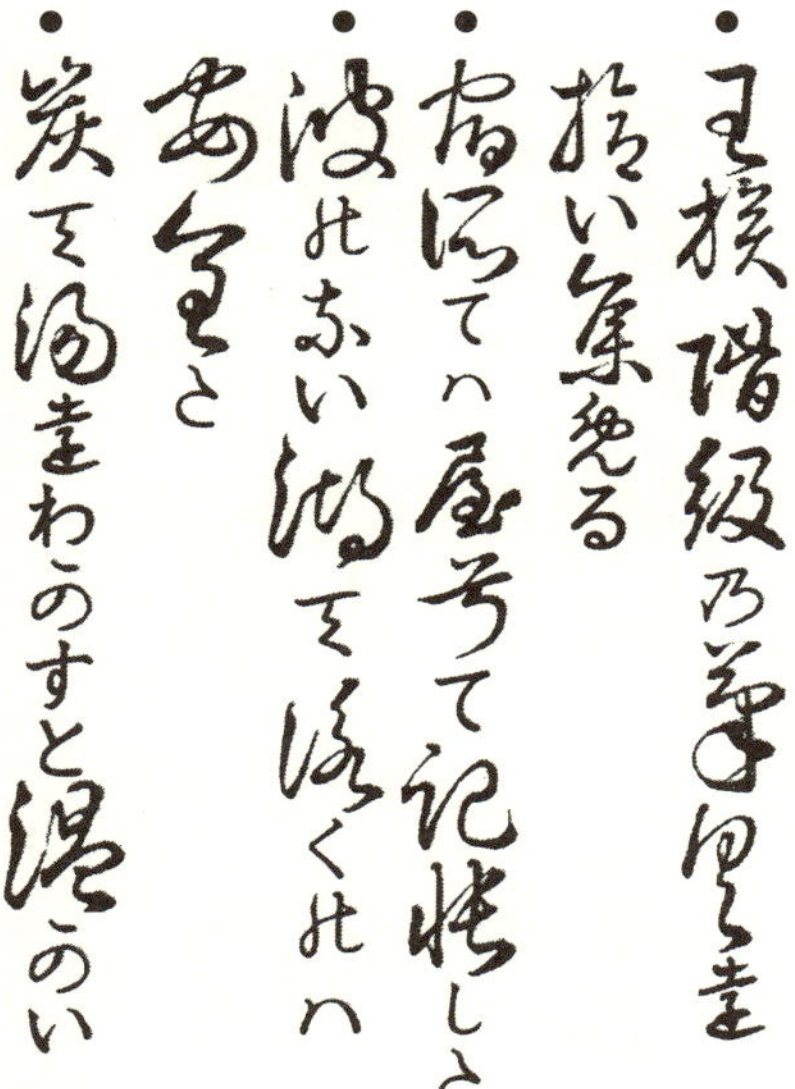

王族階級の筆具を
拾い集める
宿所では屋号で記帳した
波のない湖で泳ぐのは
安全だ
炭で湯をわかすと温かい

小学校三年生で習う漢字⑩

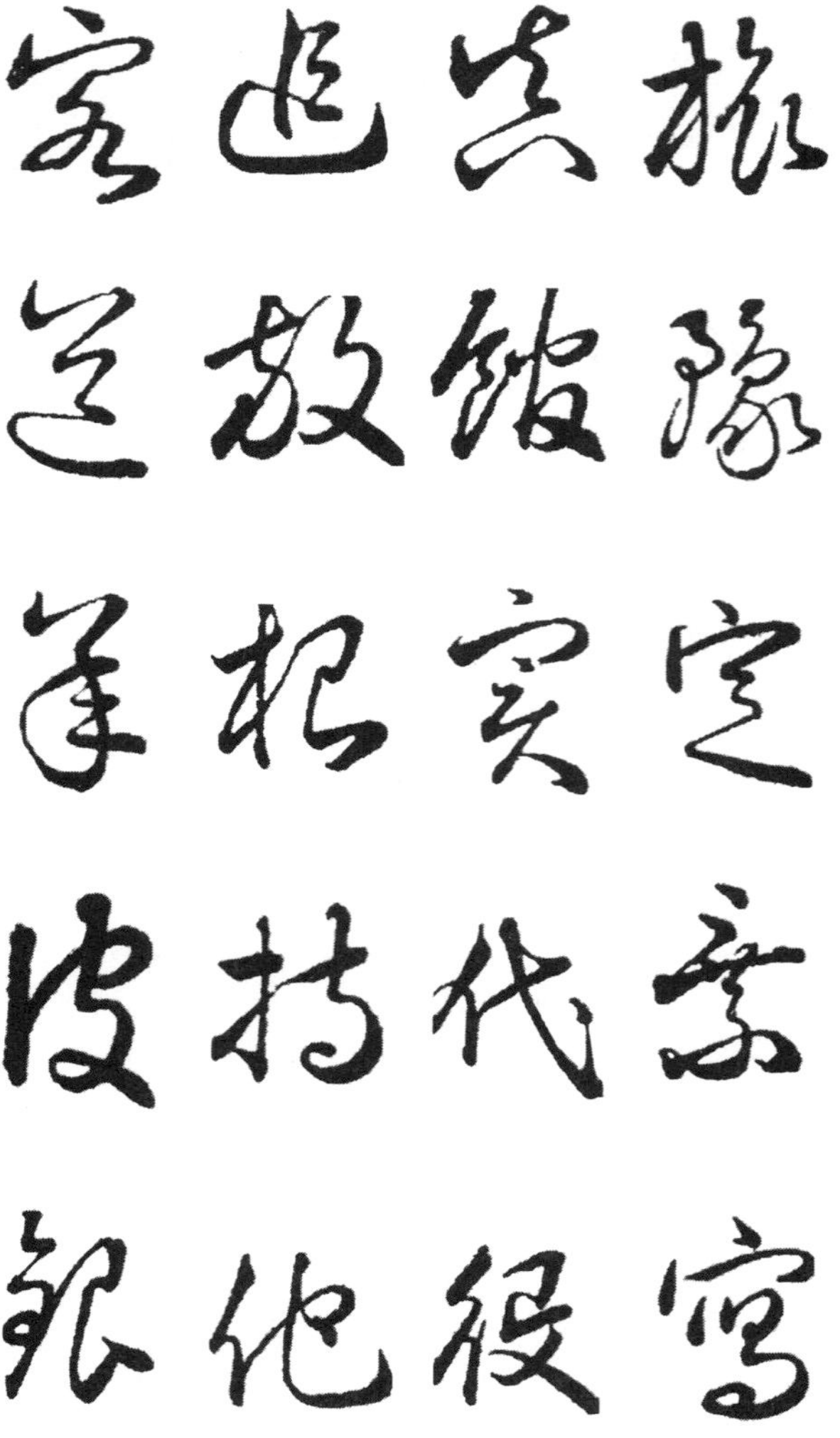

解答と演習

旅予（豫）定乗写（寫）　真館実代役　追放根持他
客送羊皮銀

〈注〉豫は予の、寫は写の旧字

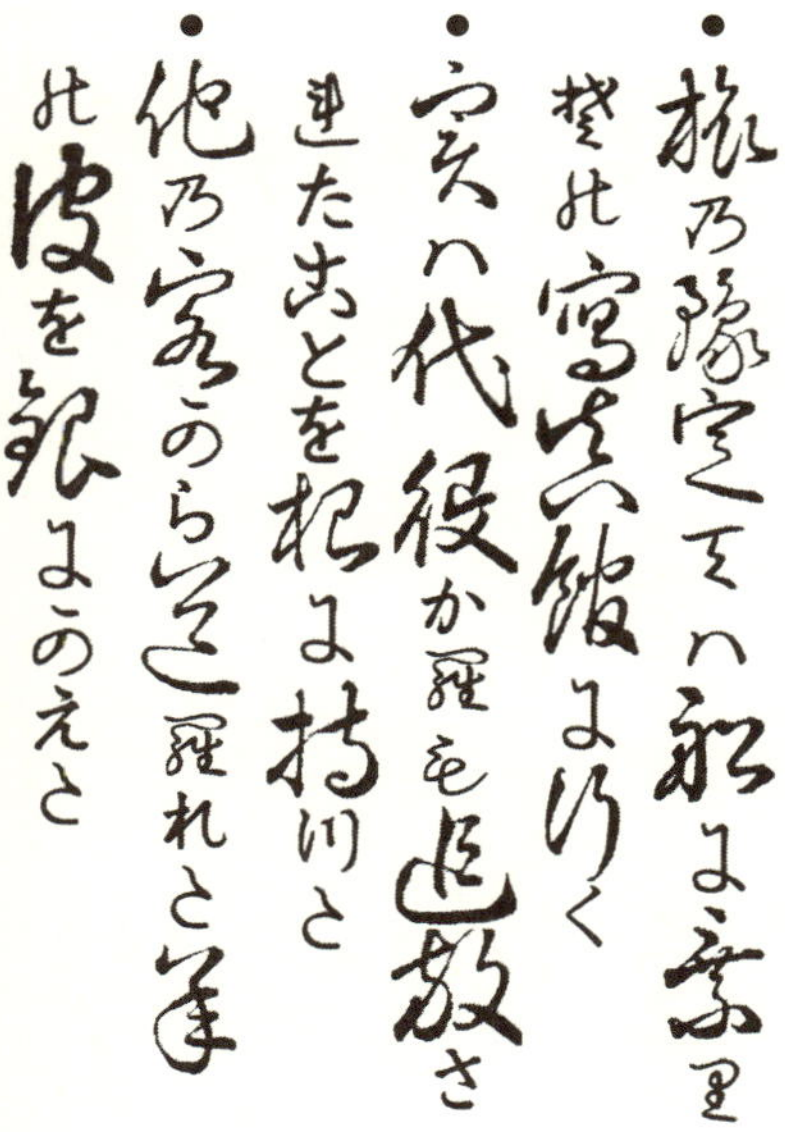

旅の予定では船に乗り
その写真館に行く
実は代役からも追放さ
れたことを根に持った
他の客から送られた羊
の皮を銀にかえた

四年生の教育漢字　一八四字

二〇一七年の小学校学習指導要領により、二十三字が他学年に移動し、県名の字など二十五字が新たに加わり二百字から二百二字になりました。ここでは、近世文書ではあまり見かけない県名などで使われている十八字を除き、計百八十四字を収録しました。

四年生の教育漢字二百二字

音読み順　□の字は本書末掲載

愛案以衣位茨印英栄媛塩岡億加果貨課芽賀
改械害街各覚潟完官管関観願岐希季旗器機
議求泣給挙漁共協鏡競極熊訓軍郡群径景芸
欠結建健験固功好香候康佐差菜最埼材崎昨
札刷察参産散残氏司試児治滋辞鹿失借種周
祝順初松笑唱焼照城縄臣信井成省清静席積
折節説浅戦選然争倉巣束側続卒孫帯隊達単
置仲沖兆低底的典伝徒努灯働特徳栃奈梨熱
念敗梅博阪飯飛必票標不夫付府阜富副兵別
辺変便包法望牧末満未民無約勇要養浴利陸
良料量輪類令冷例連老労録

小学校四年生で習う漢字❶

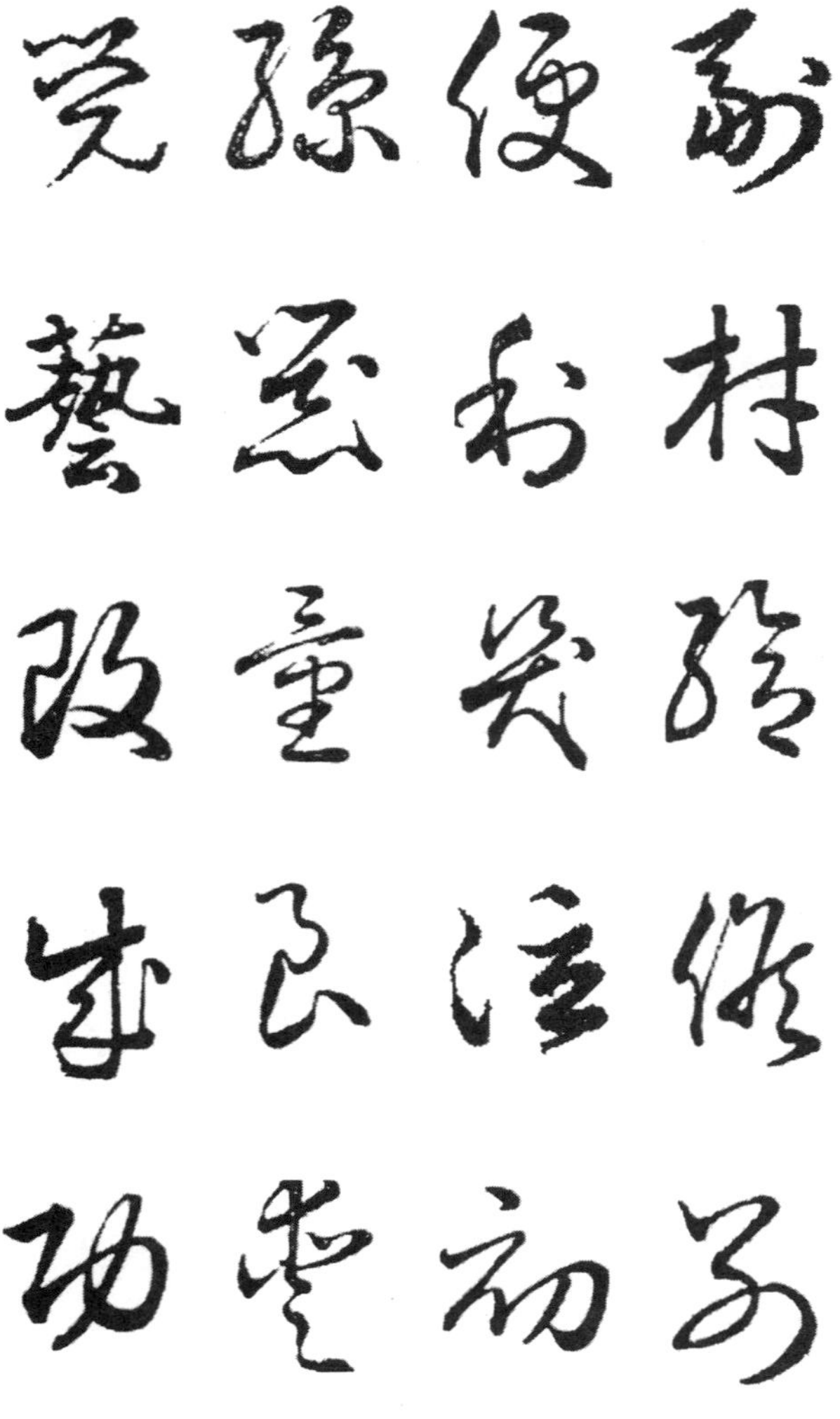

解答と演習

副材給候別　便利笑泣初　孫器量良愛　覚芸（藝）改成功

〈注〉藝は芸の旧字　成のくずしは覚えましょう

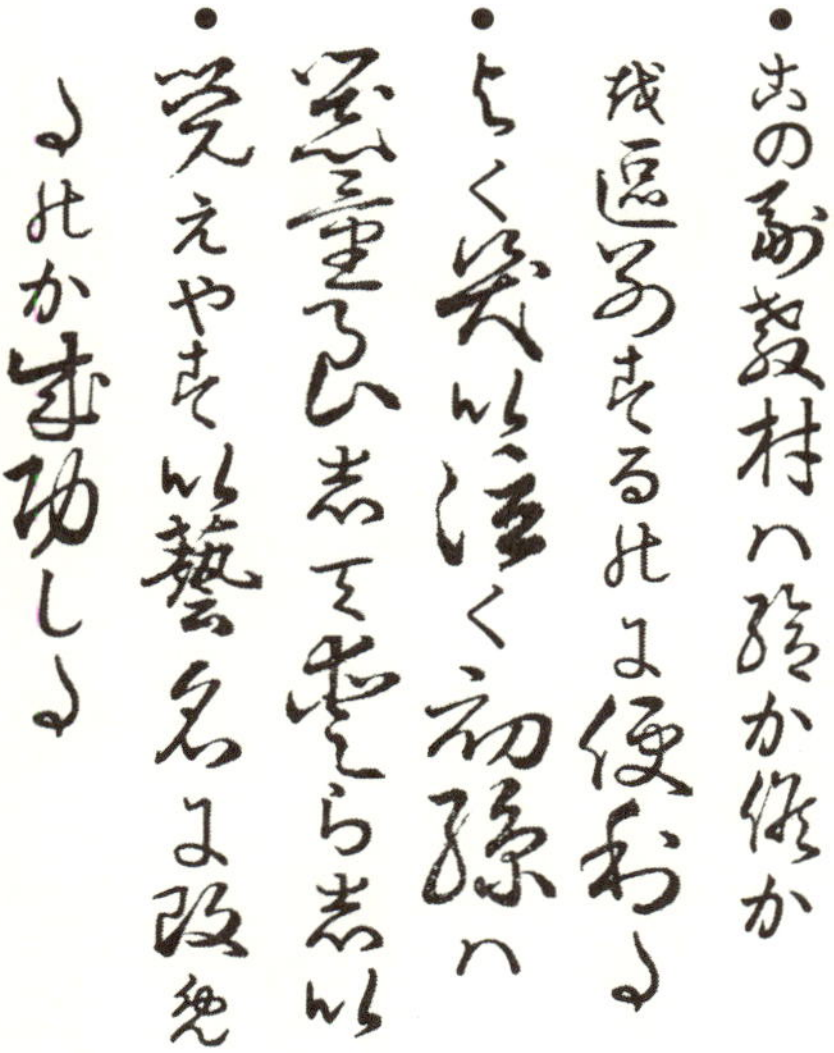

この副教材は給か候かを区別するのに便利だよく笑い、泣く初孫は器量良しで愛らしい覚えやすい芸名に改めたのが成功した

小学校四年生で習う漢字❷

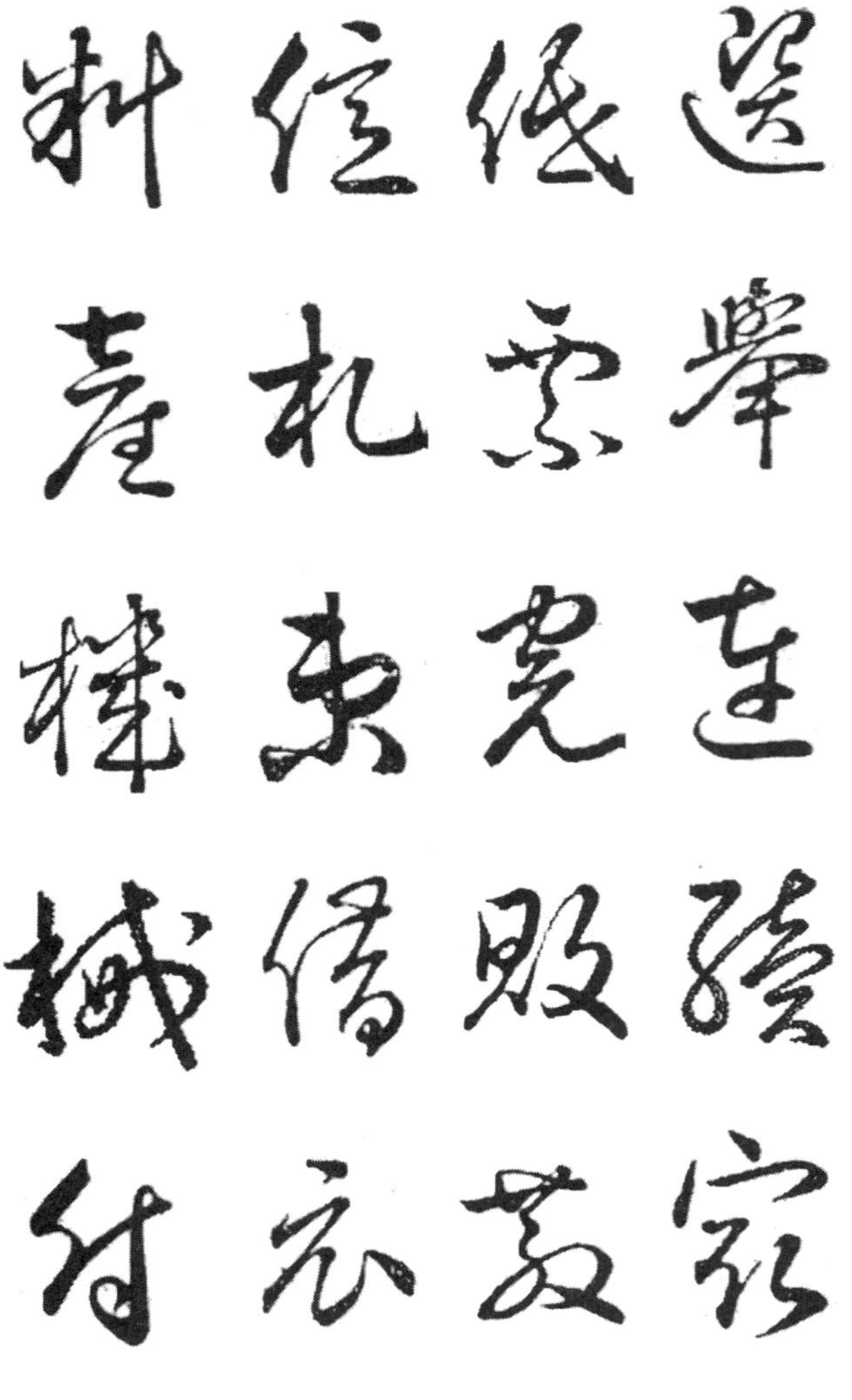

解答と演習

選挙（擧）連続（續）最（㝡）　低票完敗散　億札束借衣
料産機械付

〈注〉擧は挙の、續は続の旧字　最は㝡が通用字として使われた

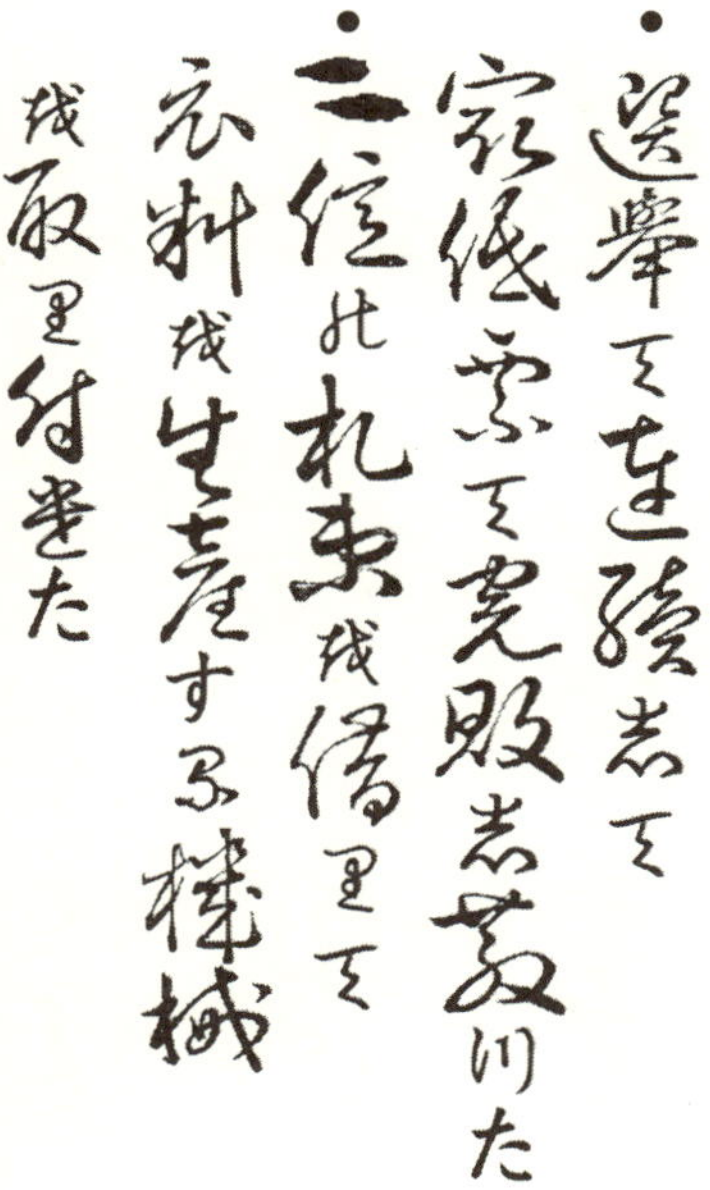

選挙で連続して
最低票で完敗し散った
二億の札束を借りて
衣料を生産する機械
を取り付けた

小学校四年生で習う漢字③

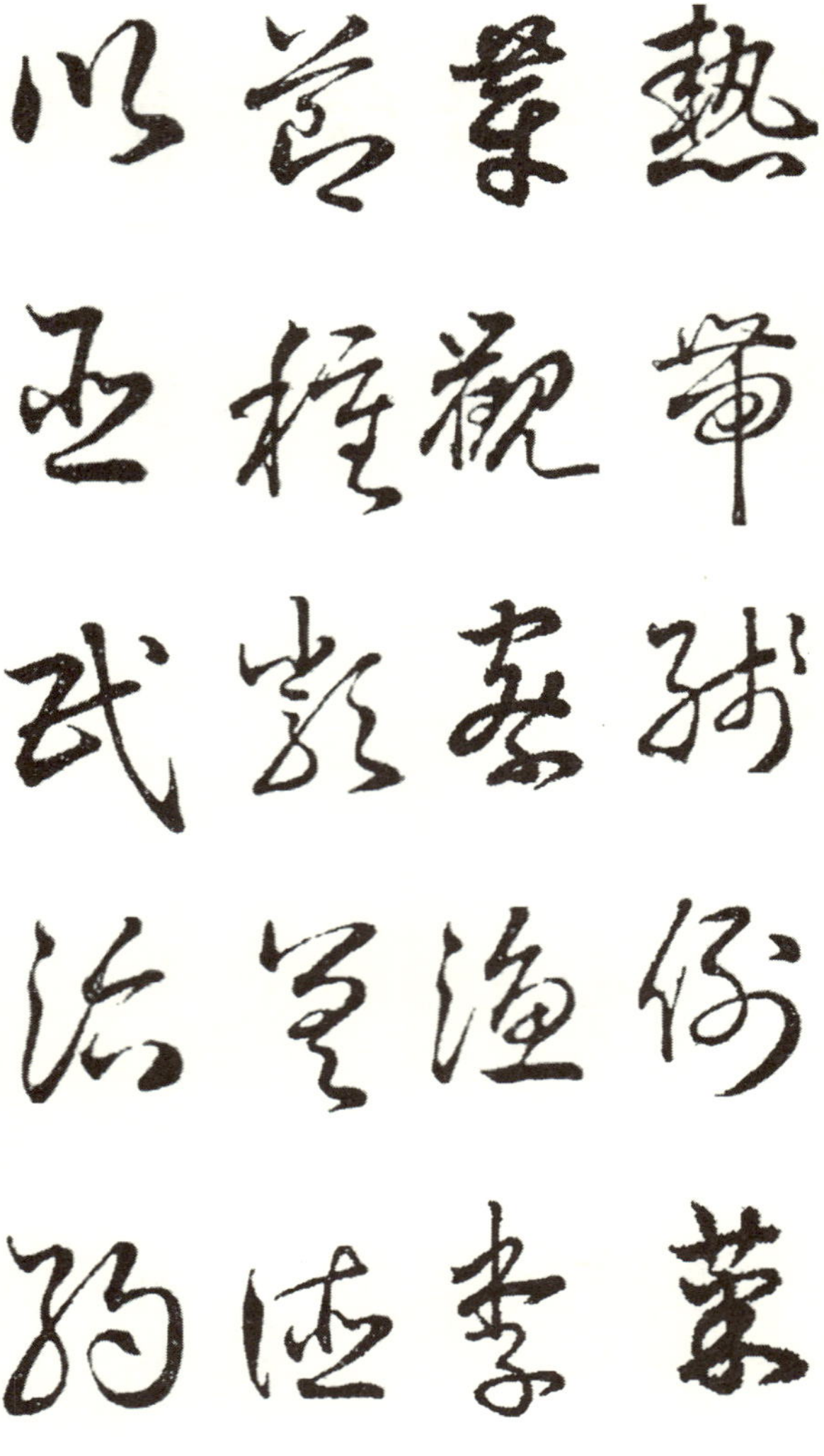

解答と演習

熱帯残例菜　芽観察漁季　節種類差徳　以臣民治約

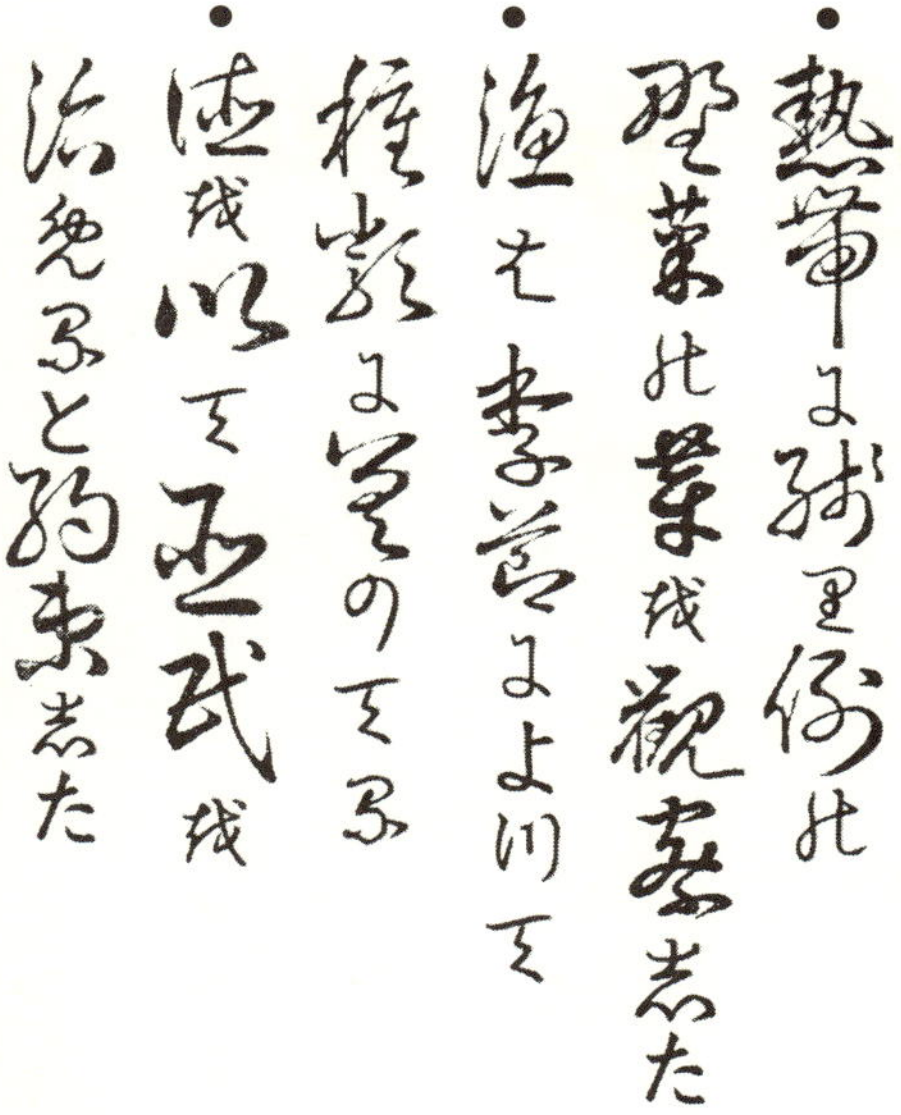

熱帯に残り例の
野菜の芽を観察した
漁は季節によって
種類に差がでる
徳を以て臣民を
治めると約束した

小学校四年生で習う漢字④

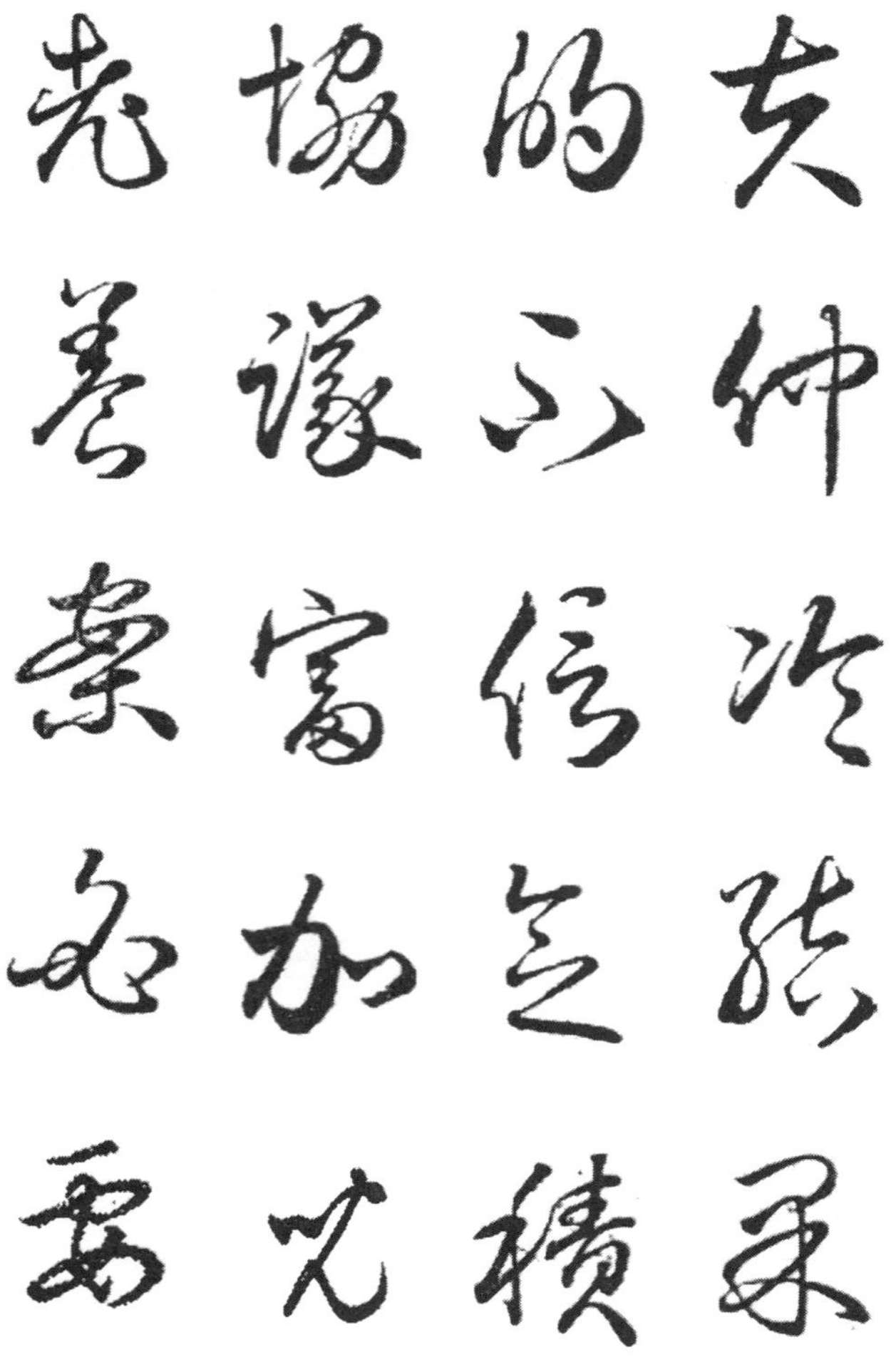

解答と演習

夫仲冷結果　的不信念積　協議富加児　老養案必要

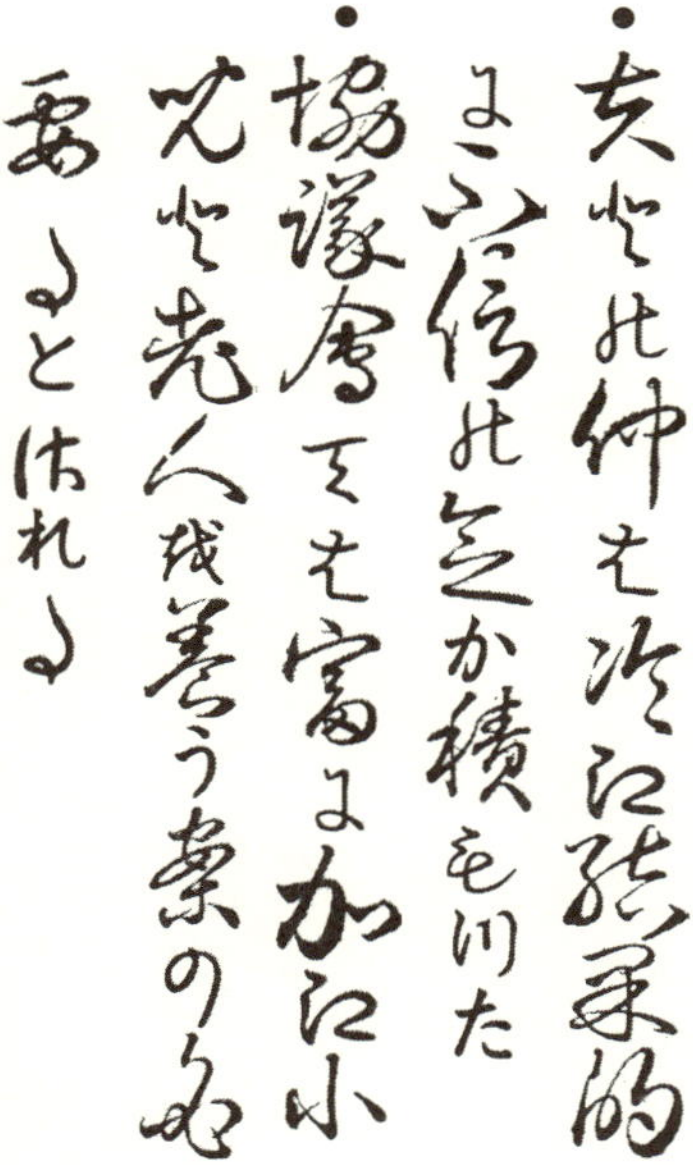

夫との仲は冷え結果的
に不信の念が積もった
協議会では富に加え小
児と老人を養う案が必
要だとされた

小学校四年生で習う漢字❺

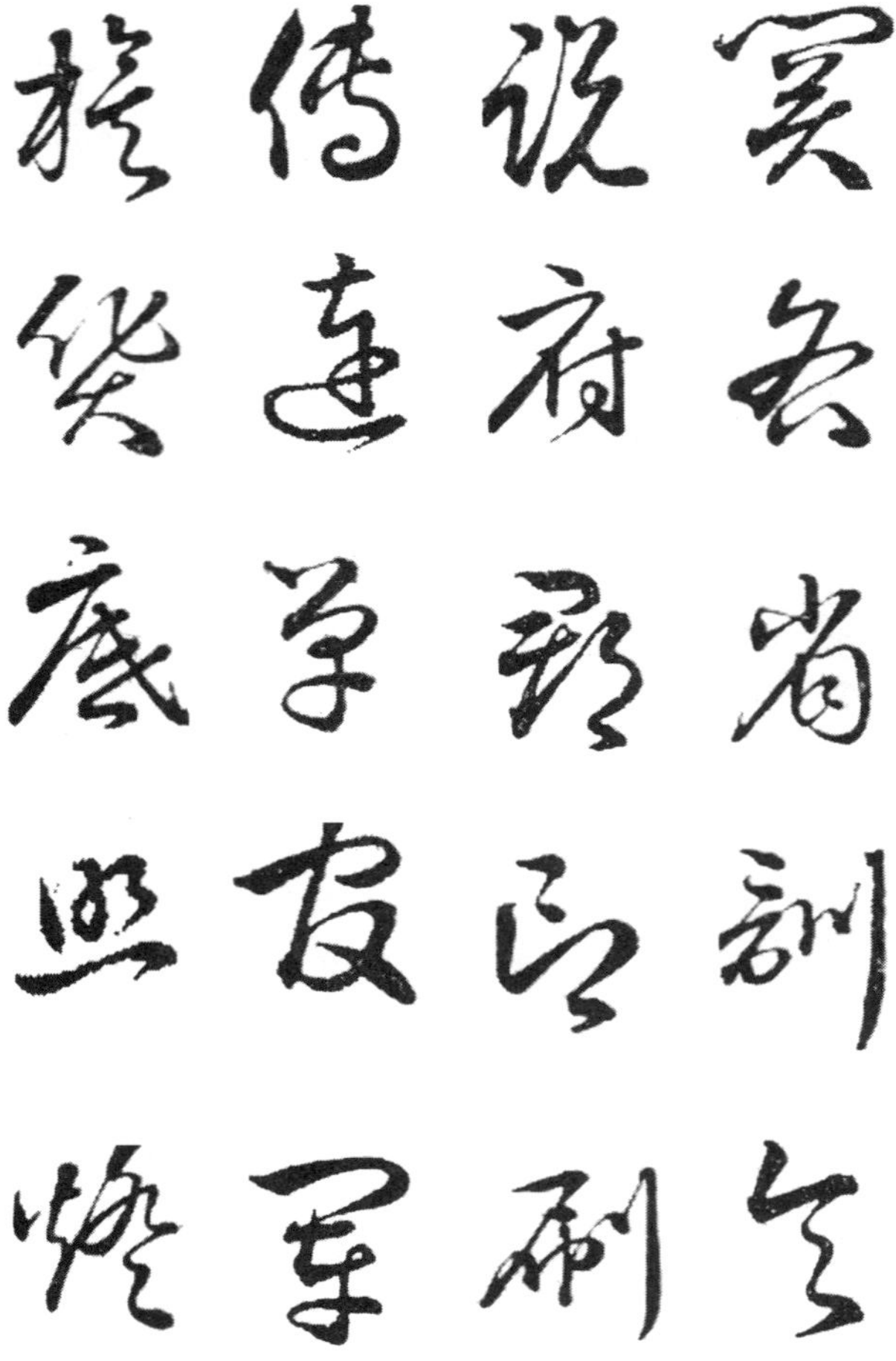

解答と演習

関各省訓令　　説府郡印刷

伝（傳）達単官軍　　旗貨底照灯（燈）

〈注〉傳は伝の、燈は灯の旧字

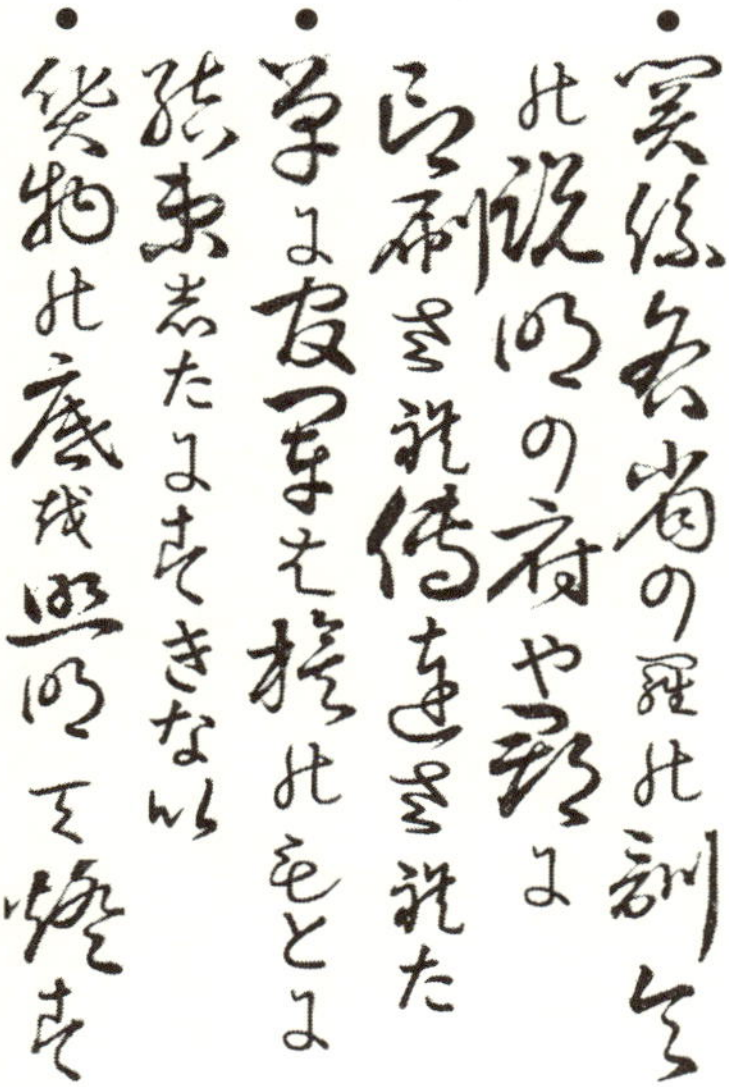

関係各省からの訓令
の説明が府や郡に
印刷され伝達された
単に官軍は旗のもとに
結束したにすぎない
貨物の底を照明で灯す

小学校四年生で習う漢字❻

解答と演習

牧管折群岡　周辺（邊）径（徑）求課

順位競無勇　英陸兵卒鏡

〈注〉邊は辺の、徑は径の旧字

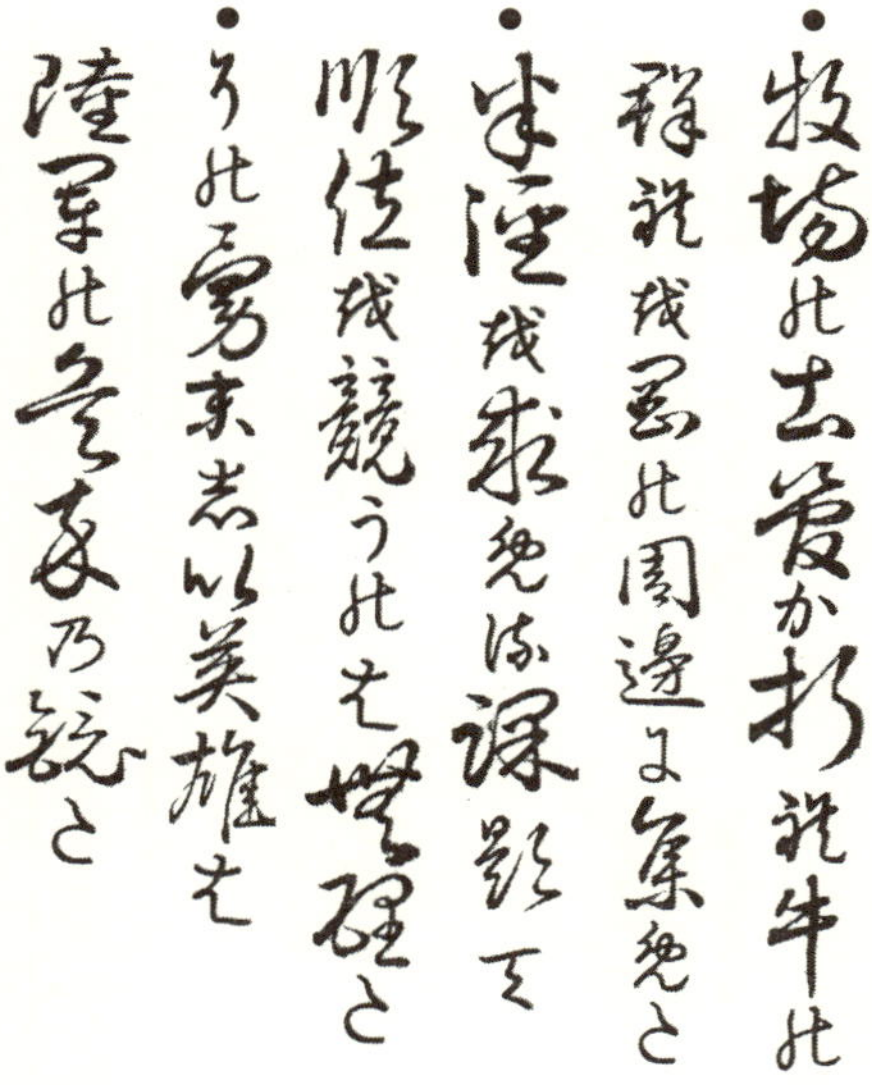

牧場の土管が折れ牛の
群れを岡の周辺に集めた
半径を求める課題で
順位を競うのは無理だ
その勇ましい英雄は
陸軍の兵卒の鏡だ

小学校四年生で習う漢字⑦

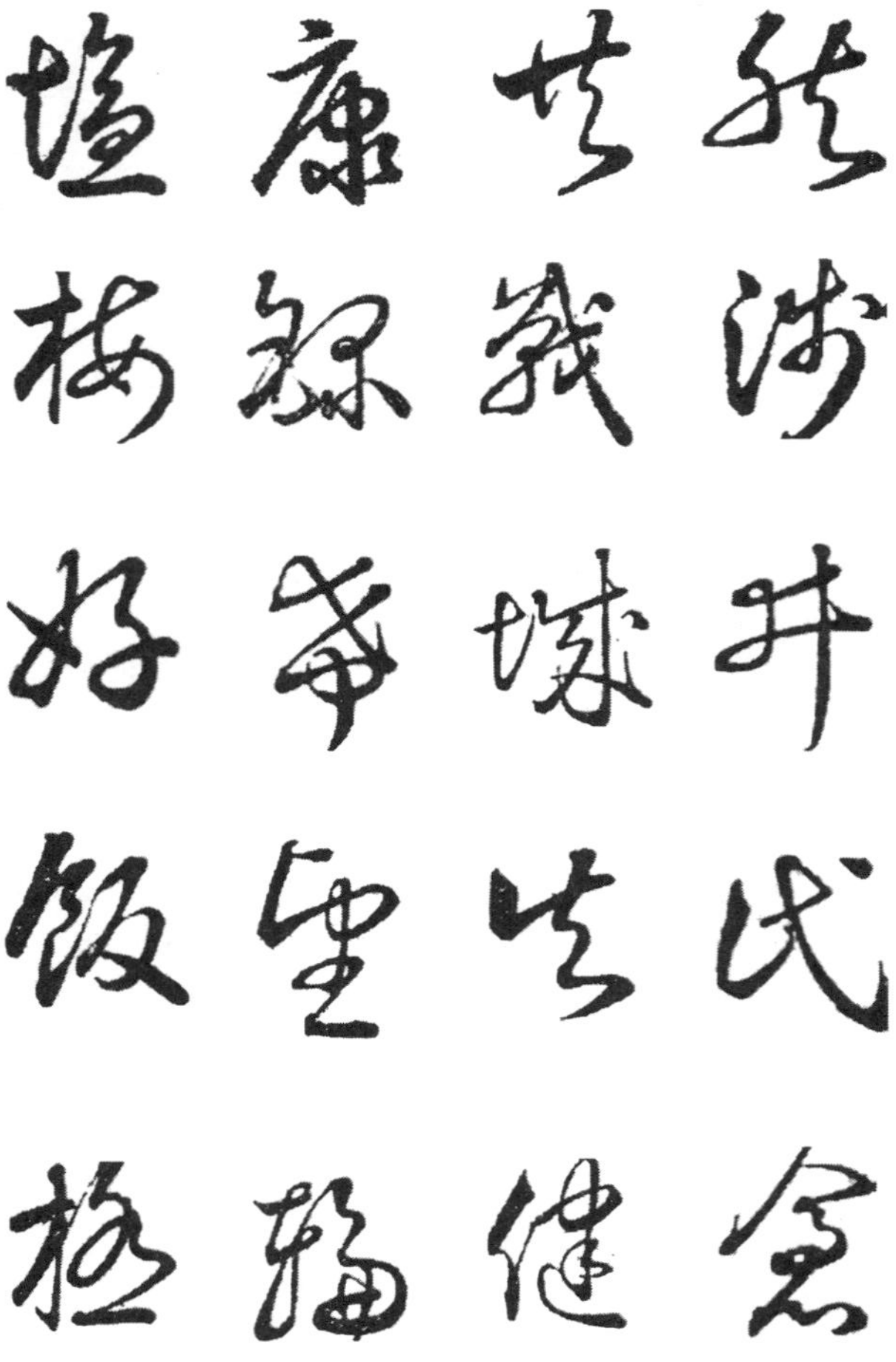

解答と演習

然浅井氏倉　共戦城失健　康録希望輪　塩梅好飯極

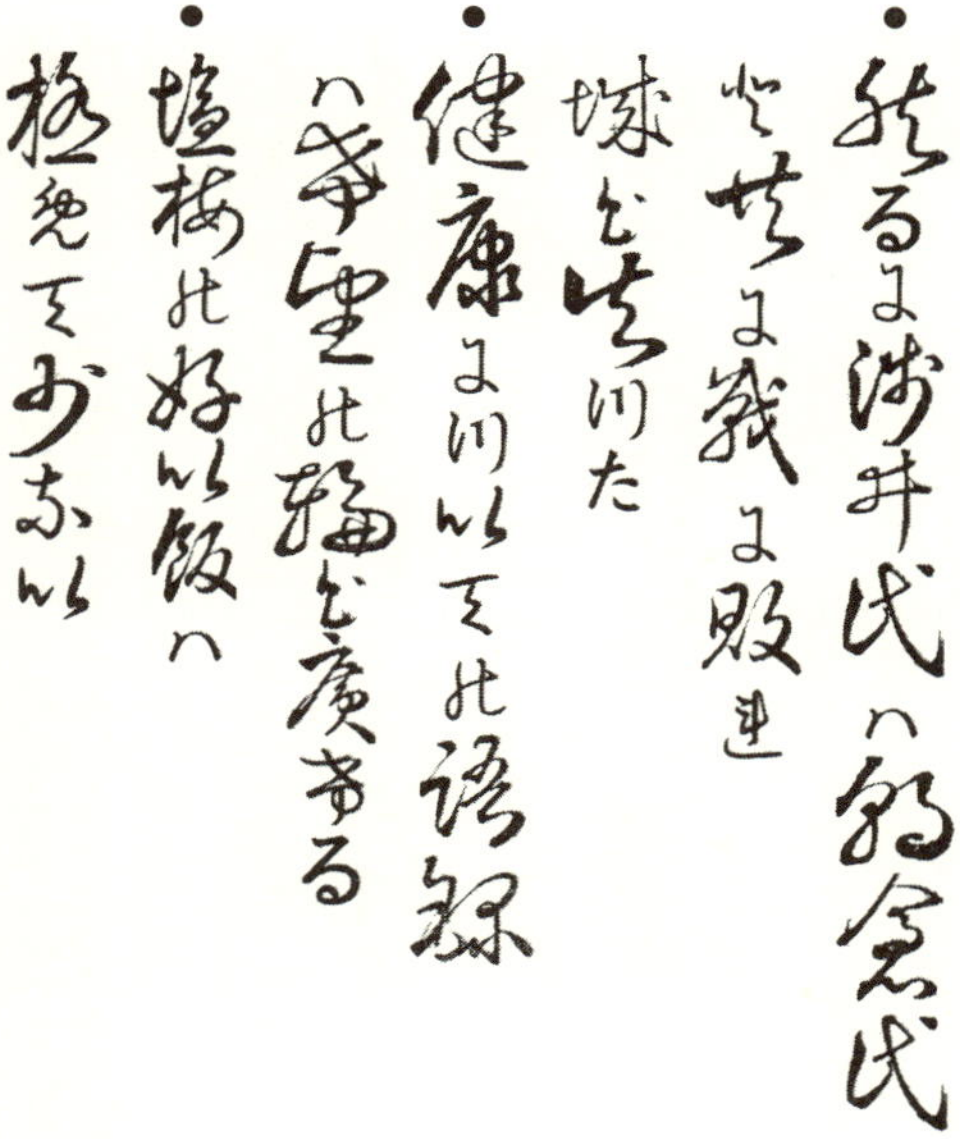

然るに浅井氏は朝倉氏
と共に戦に敗れ
城を失った
健康についての語録
は希望の輪を広（廣）げる
塩梅《あんばい》の好い飯は
極めて少ない

小学校四年生で習う漢字❽

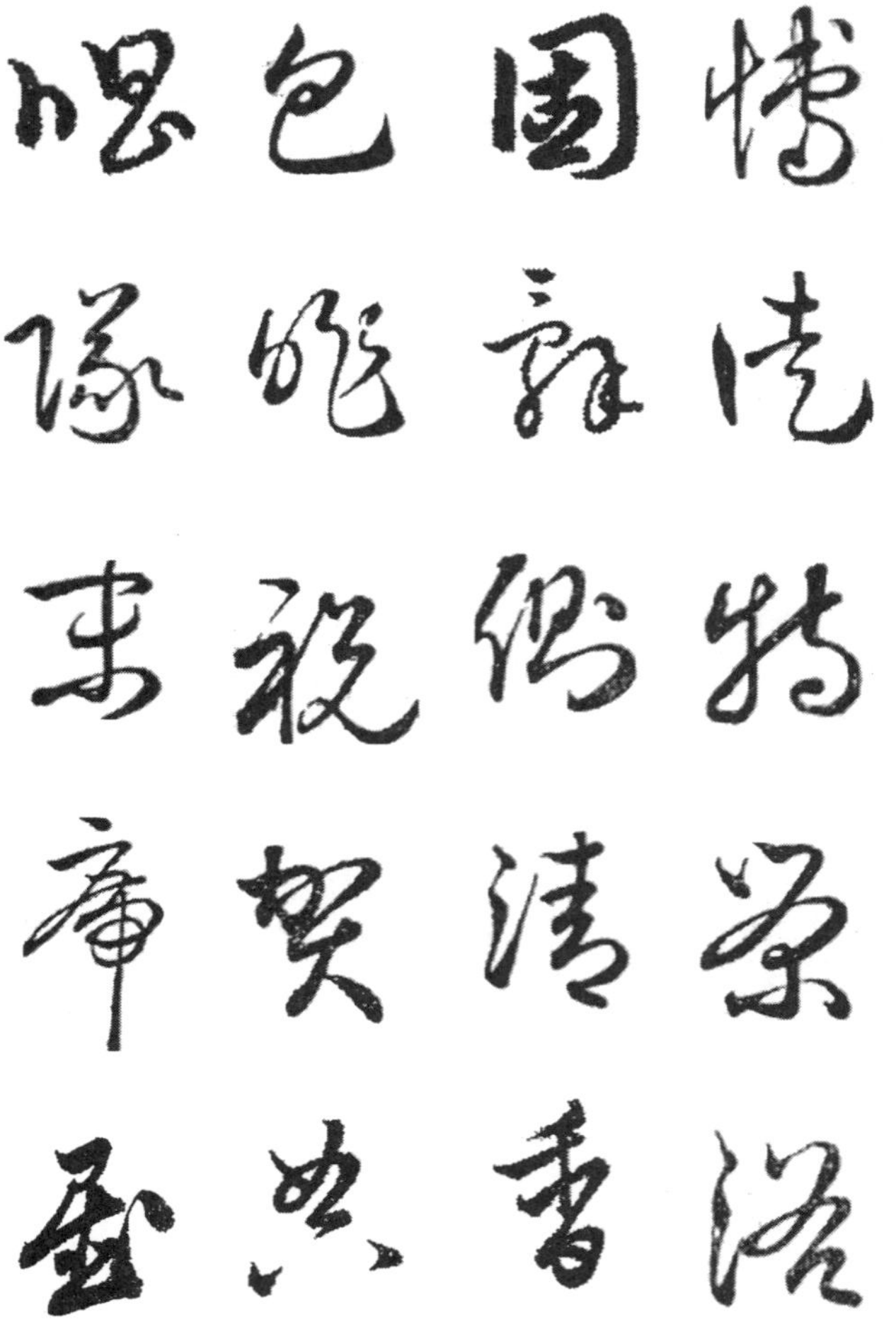

解答と演習

博徒特栄浴　固辞（辭）側清香　包昨祝賀典　唱隊末席置

〈注〉辭は辞の旧字

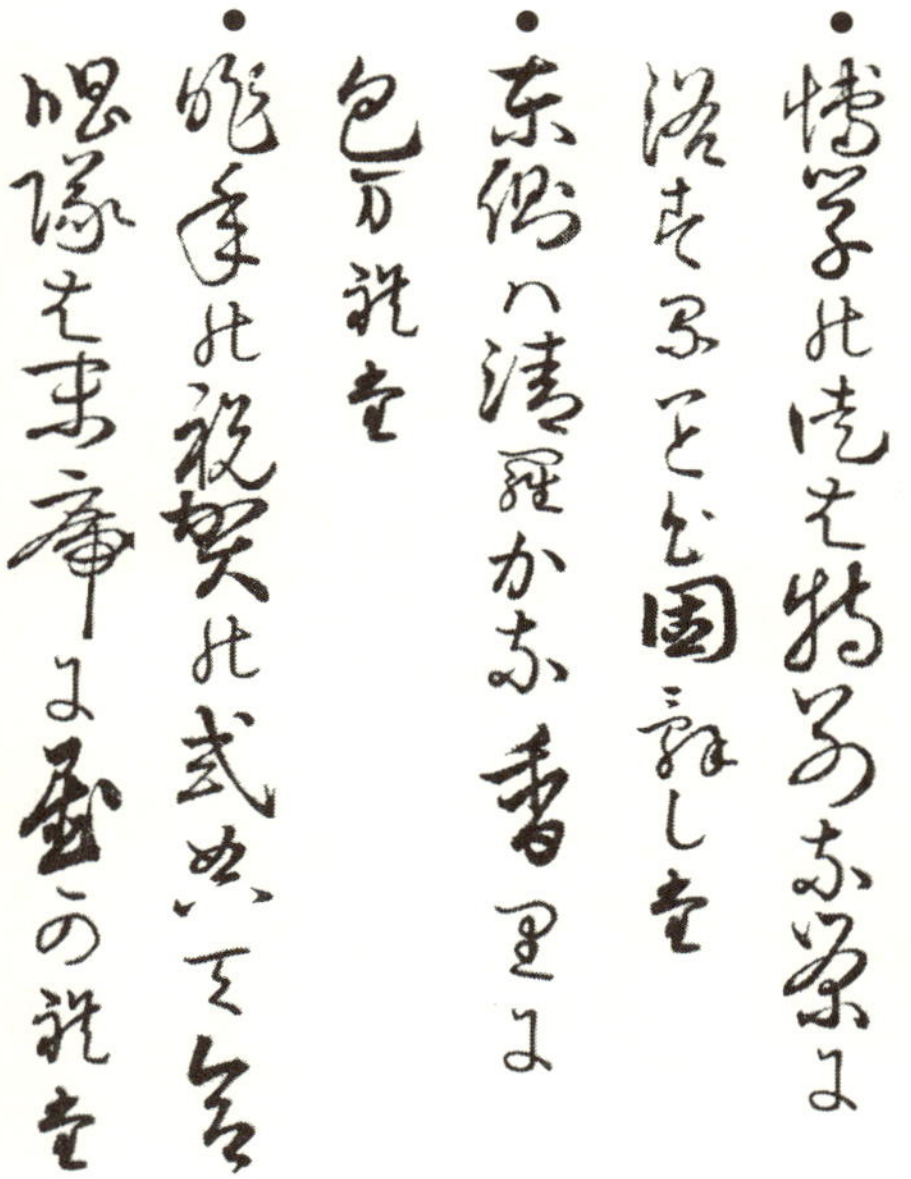

博学の徒は特別な栄に浴することを固辞した
東側は清らかな香りに包まれた
昨年の祝賀の式典で合唱隊は末席に置かれた

学校四年生で習う漢字⑨

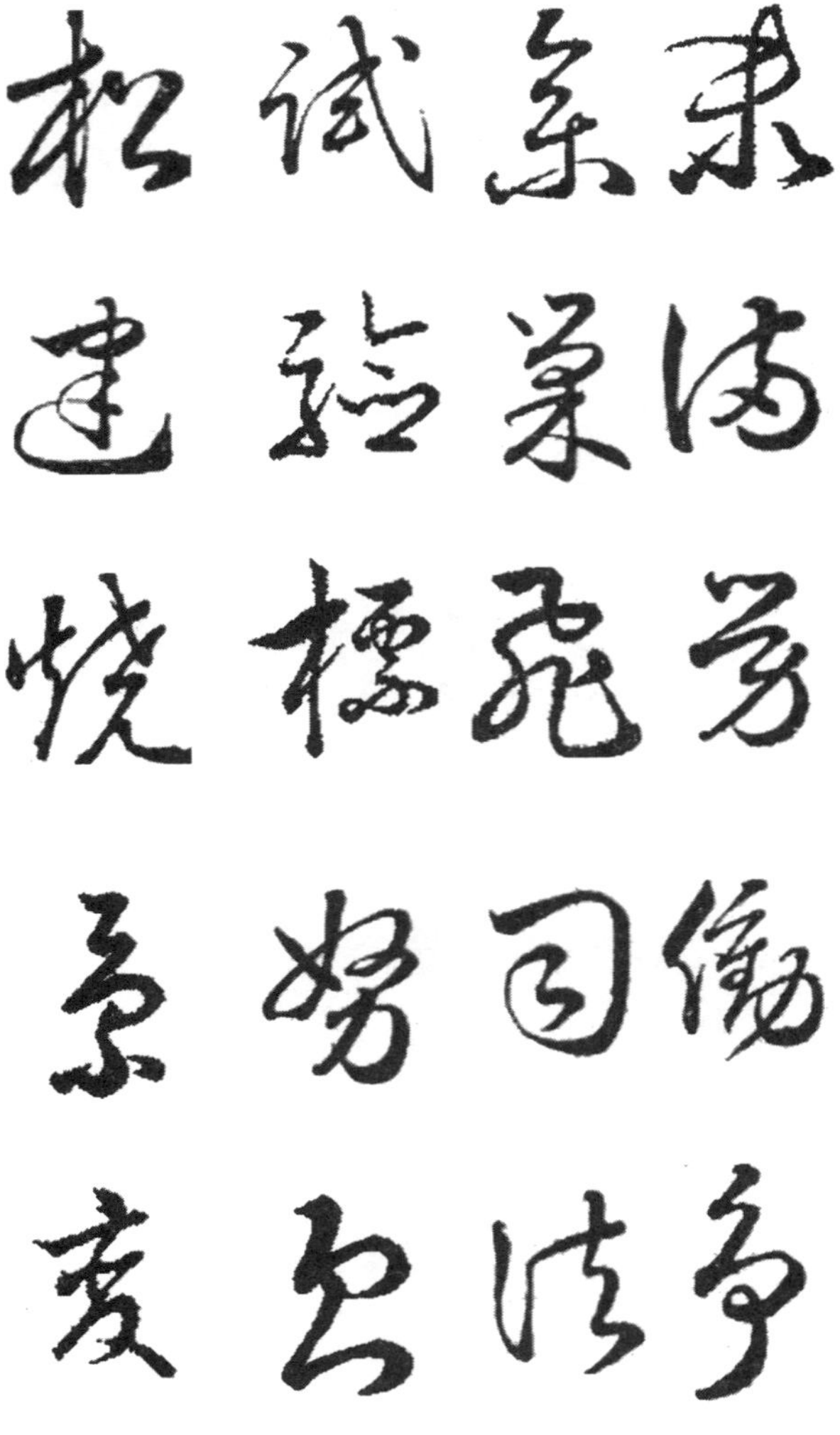

解答と演習

未満労働争　参巣飛司法　試験（驗）標努欠　松建焼景変

〈注〉驗は験の旧字

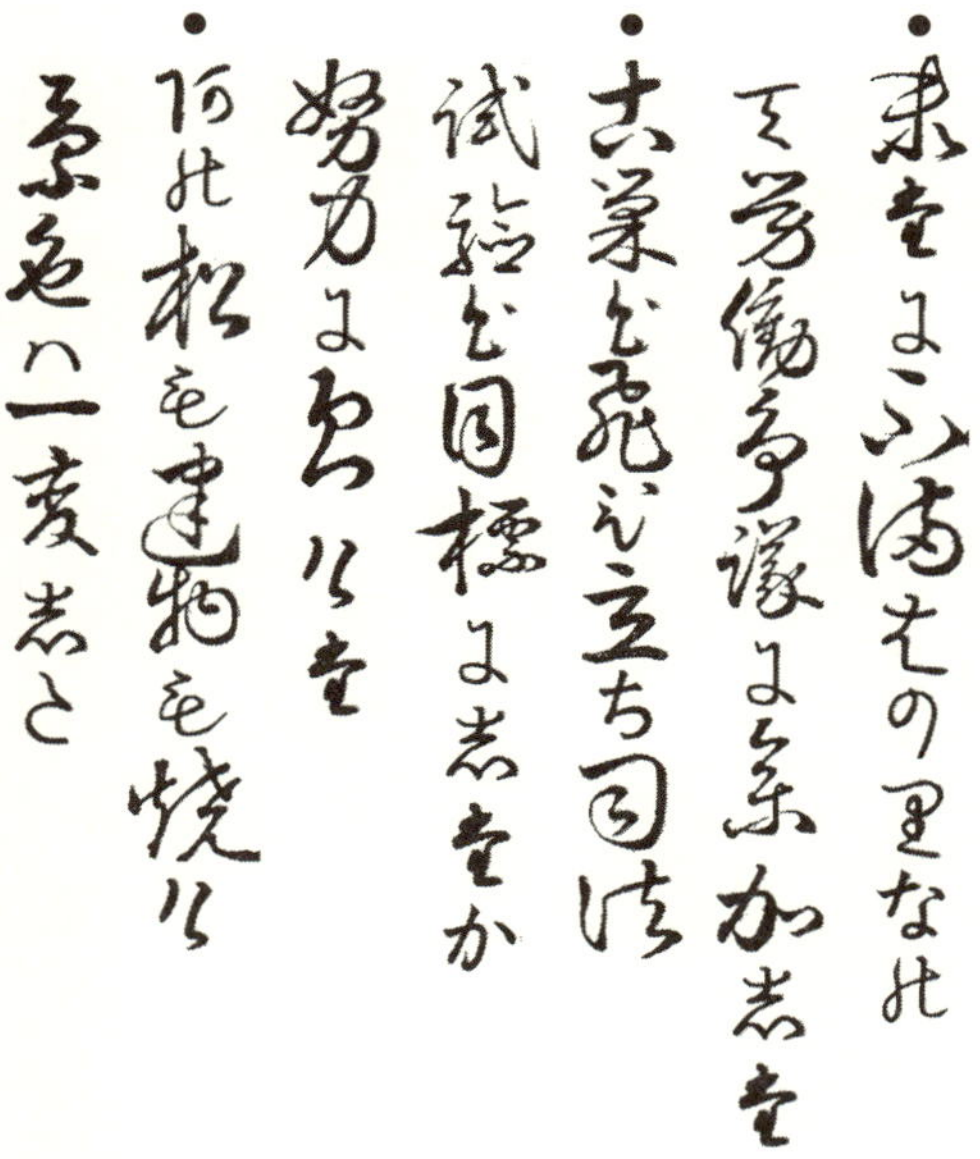

未だに不満ばかりなので労働争議に参加した
古巣を飛び立ち司法試験を目標にしたが
努力に欠けた
あの松も建物も焼け
景色は一変した

小学校四年生で習う漢字⑩

【参考】

除外した県名等で使う漢字

茨媛潟岐熊佐埼崎滋

鹿縄井沖栃奈梨阪阜

解答と演習

害静街願

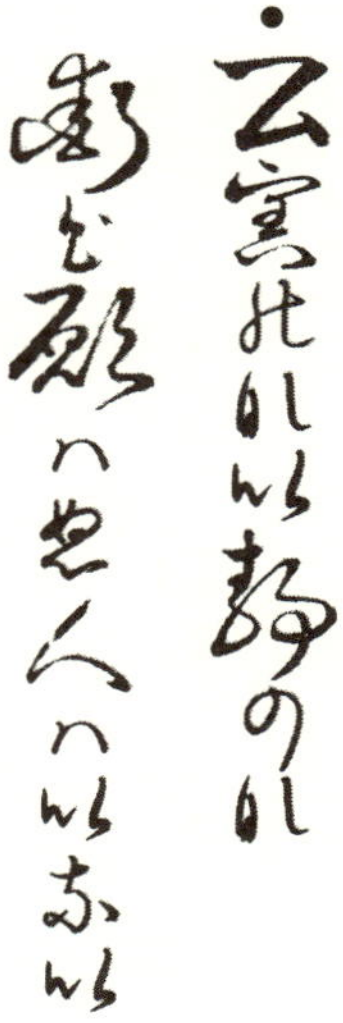

公害のない静かな
街を願はぬ人はいない

五年生の教育漢字　百九十三字

二〇一七年の小学校学習指導要領により、十三字が他学年に移動し、二十一字が新たに加わり百八十五字から百九十三字になりました。

五年生の教育漢字百九十三字　音読み順

圧囲移因永営衛易益液演応往桜可仮価河
過快解格確額刊幹慣眼紀基寄規喜技義逆
久旧救居許境均禁句型経潔件険検限現減
故個護効厚耕航鉱構興講告混査再災妻採
際在財罪殺雑酸賛士支史志枝師資飼示似
識質舎謝授修述術準序招証象賞条状常情
織職制性政勢精製税責績接設絶祖素総造
像増則測属率損貸態団断築貯張停提程適
統堂銅導得毒独任燃能破犯判版比肥非費
備評貧布婦武復複仏粉編弁保墓報豊防貿
暴脈務夢迷綿輸余容略留領歴

小学校五年生で習う漢字❶

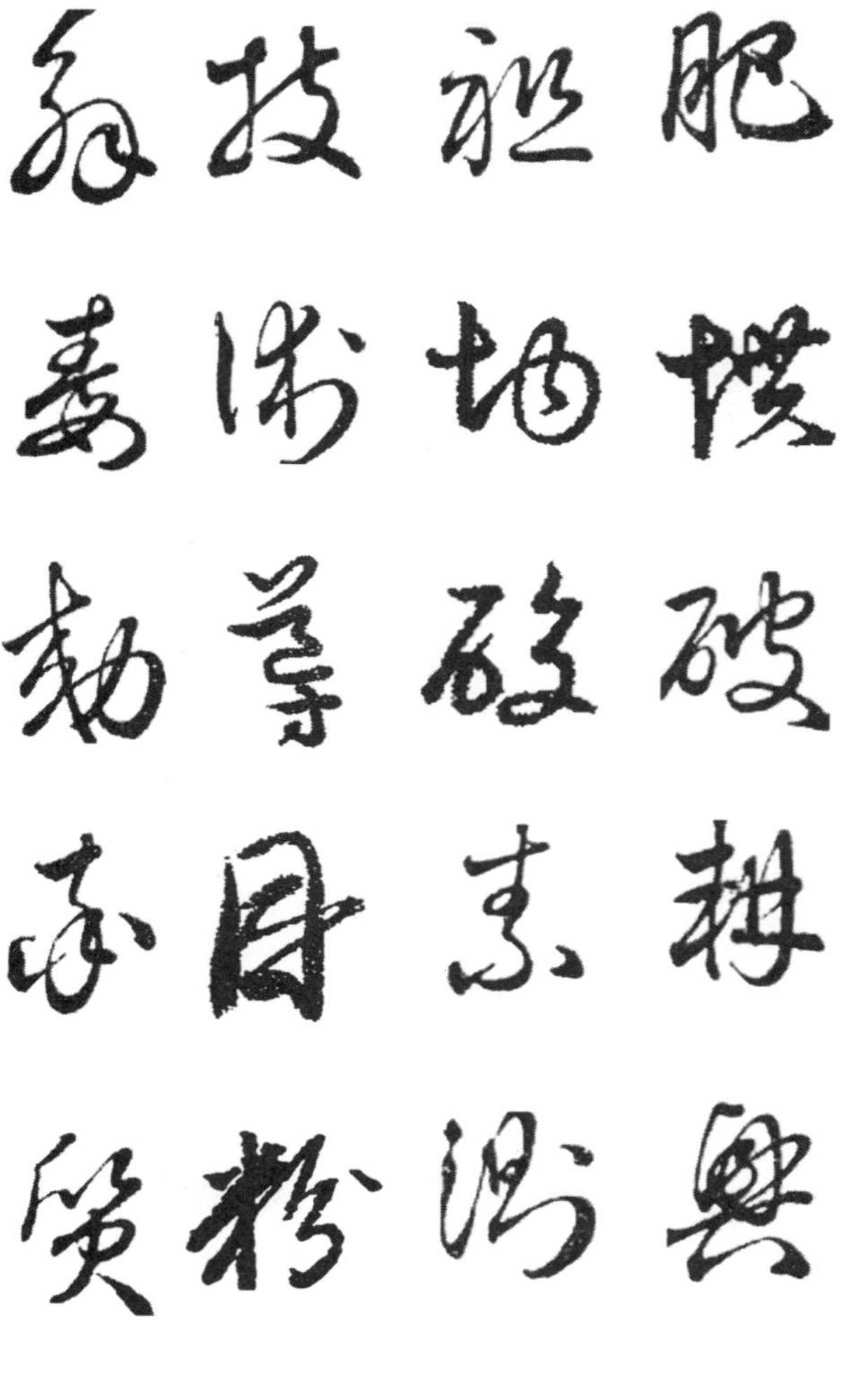

解答と演習

肥慣破耕興　祖均酸素測　技術導因粉　解（鮮）毒効率質

〈注〉解は鮮が通用字として使われた

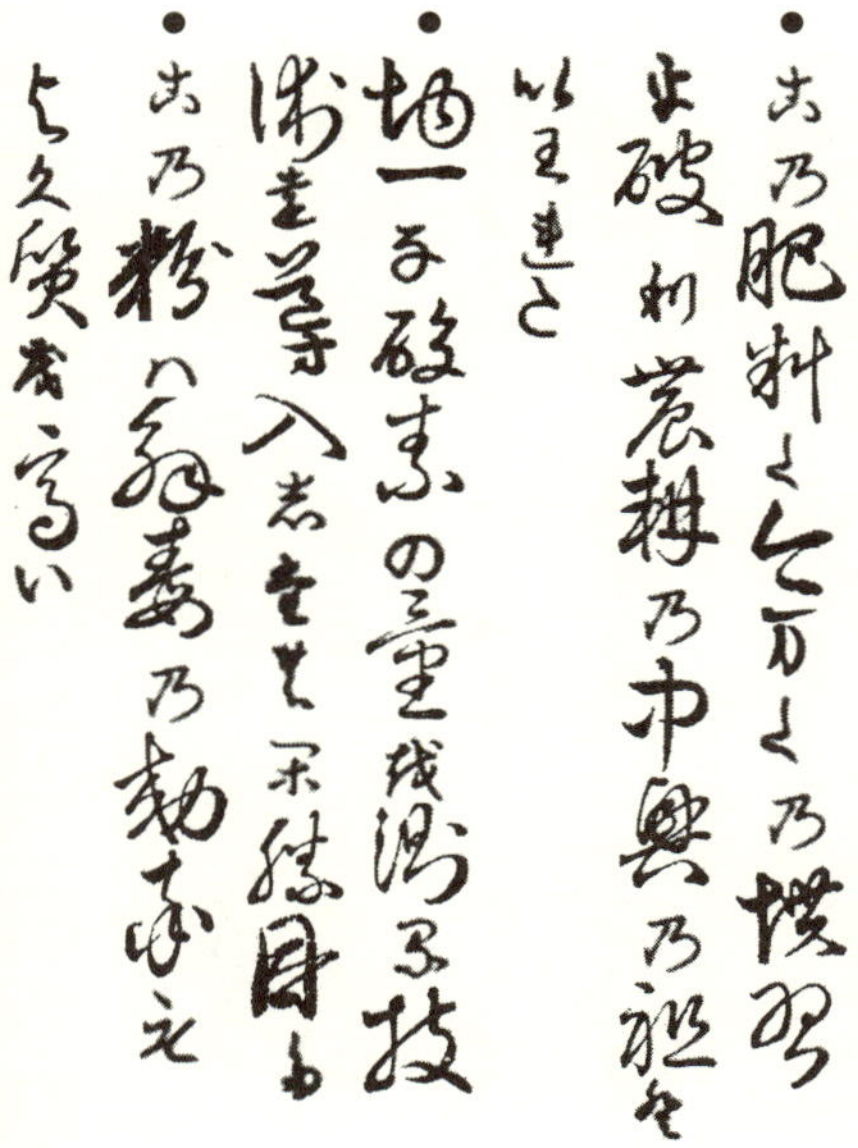

この肥料で今までの慣習
を破り農耕の中興の祖と
いわれた
均一な酸素の量を測る技
術を導入したのが勝因だ
この粉は解毒の効率も
よく質も高い

小学校五年生で習う漢字❷

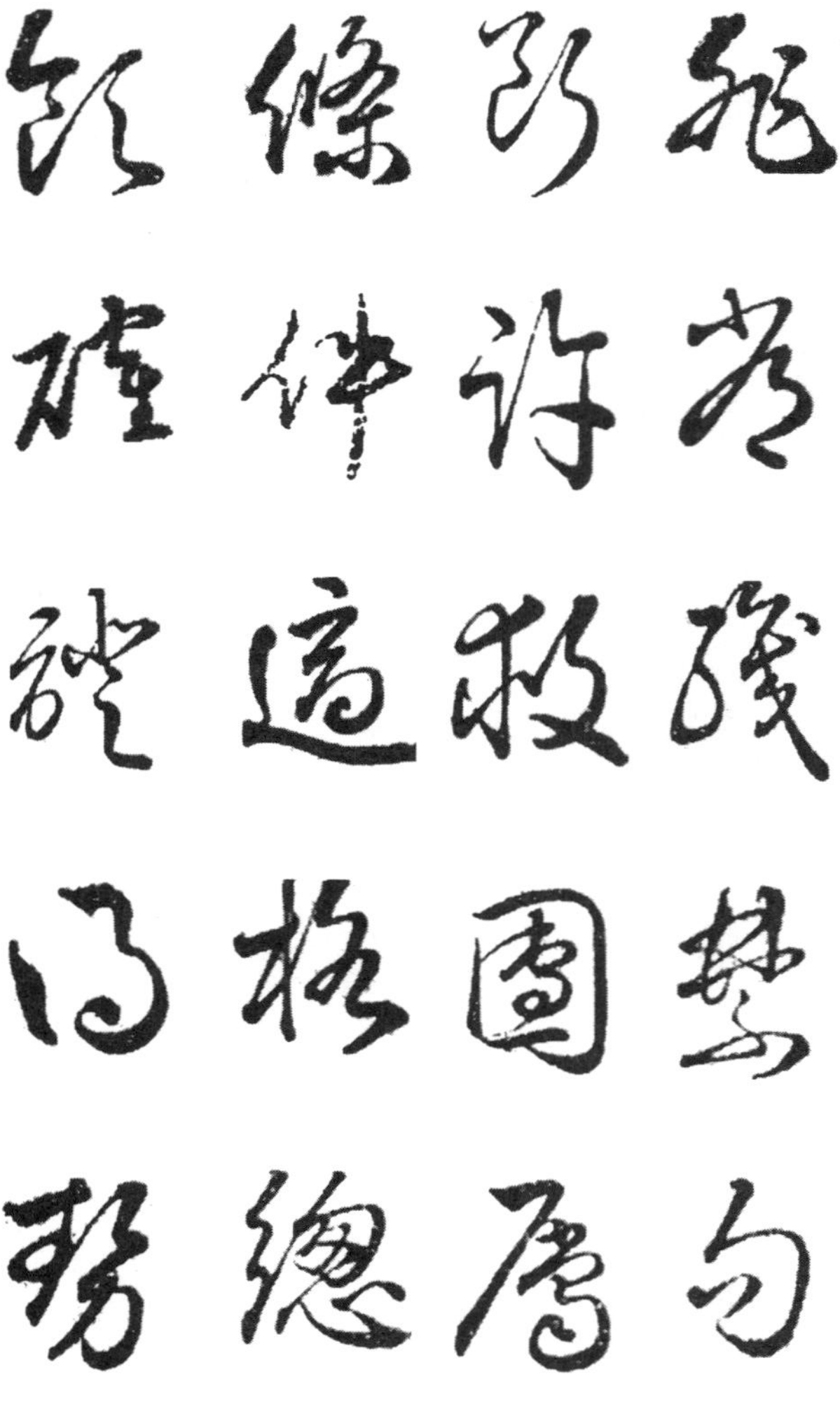

解答と演習

非常識禁句　断許救団（團）属　条（條）件適格総（總）

領確証（證）得勢

〈注〉團は団の、條は条の、證は証の旧字

總はむしろ惣の方が通用字として使われた

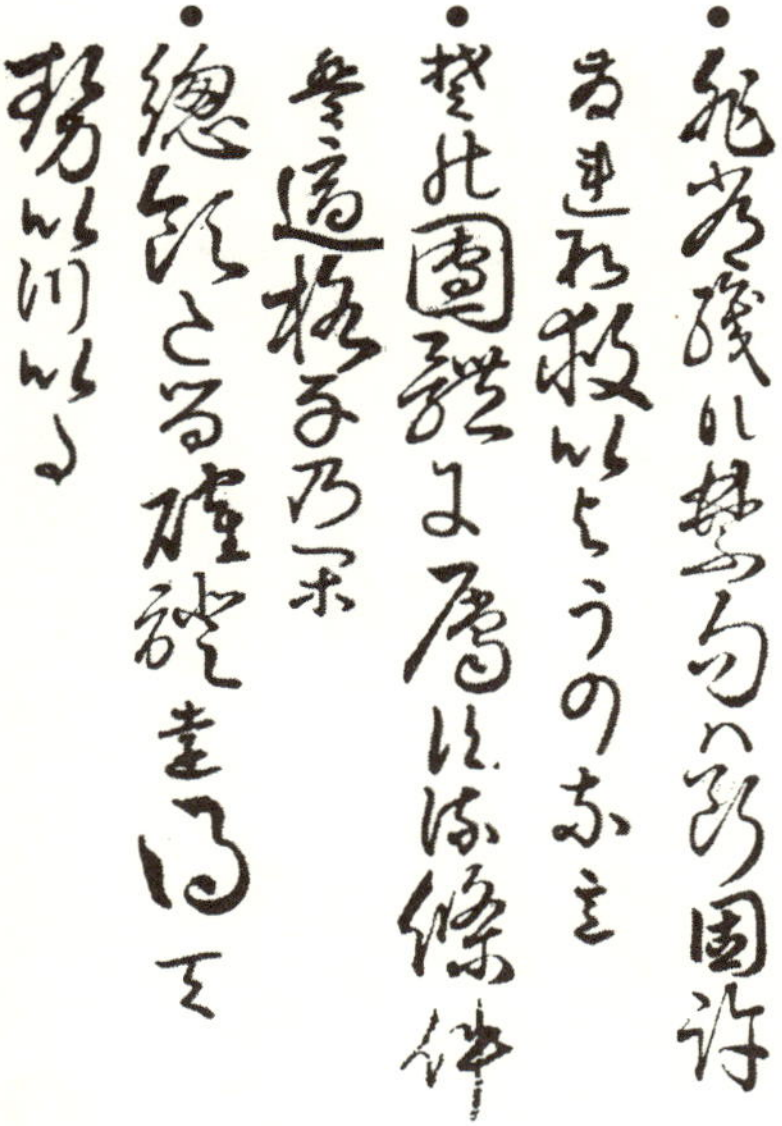

非常識な禁句は断固許
されず救いようがない
その団体に属する条件
は適格なのか
総領たる確証を得て
勢いづいた

小学校五年生で習う漢字③

解答と演習

余（餘）程営績責　任謝罪綿織　輸貿易増益

貯貧独（獨）婦絶

〈注〉餘は余の、獨は独の旧字

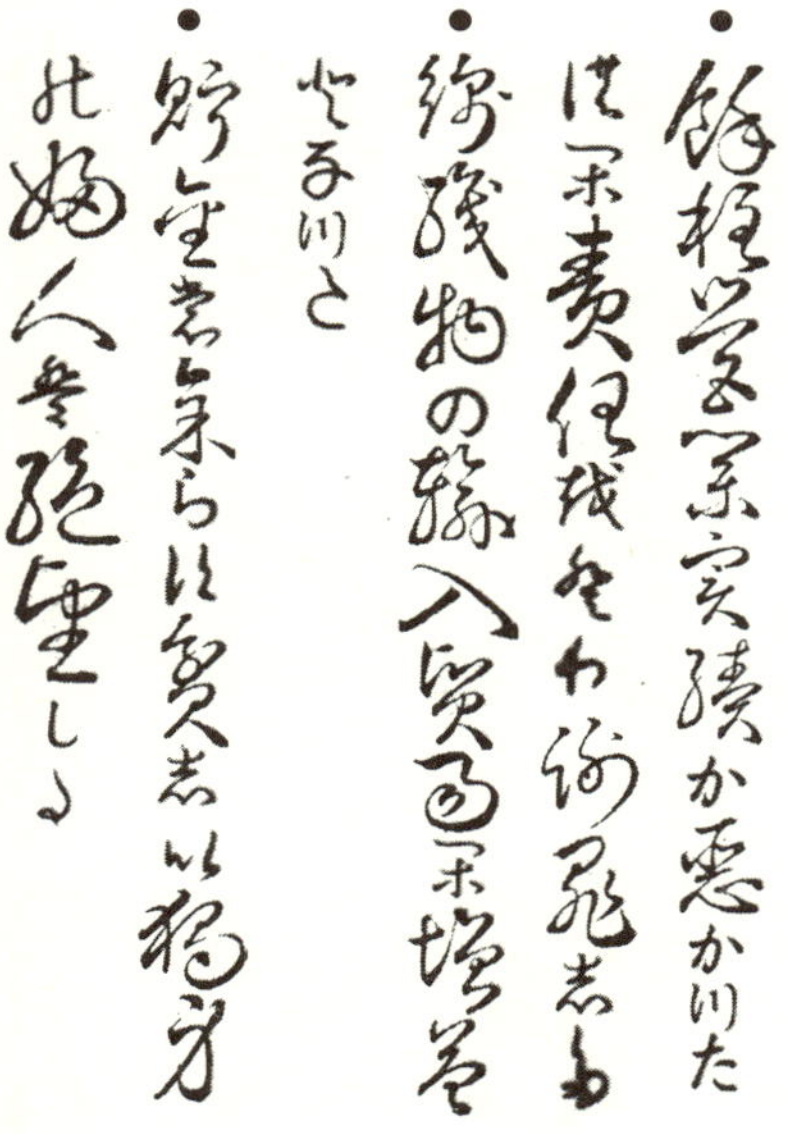

余程営業実績が悪かった
のか責任をとり謝罪した
綿織物の輸入貿易が増益
となった
貯金も余らず貧しい独身
の婦人は絶望した

小学校五年生で習う漢字④

営際志支逆

境混述過政

殺暴肥識喜

歴史修護航

解答と演習

夢潔志支逆　境混迷過政　殺暴犯減喜（㐂）

〈注〉喜は㐂と書くことがある

歴史修職航

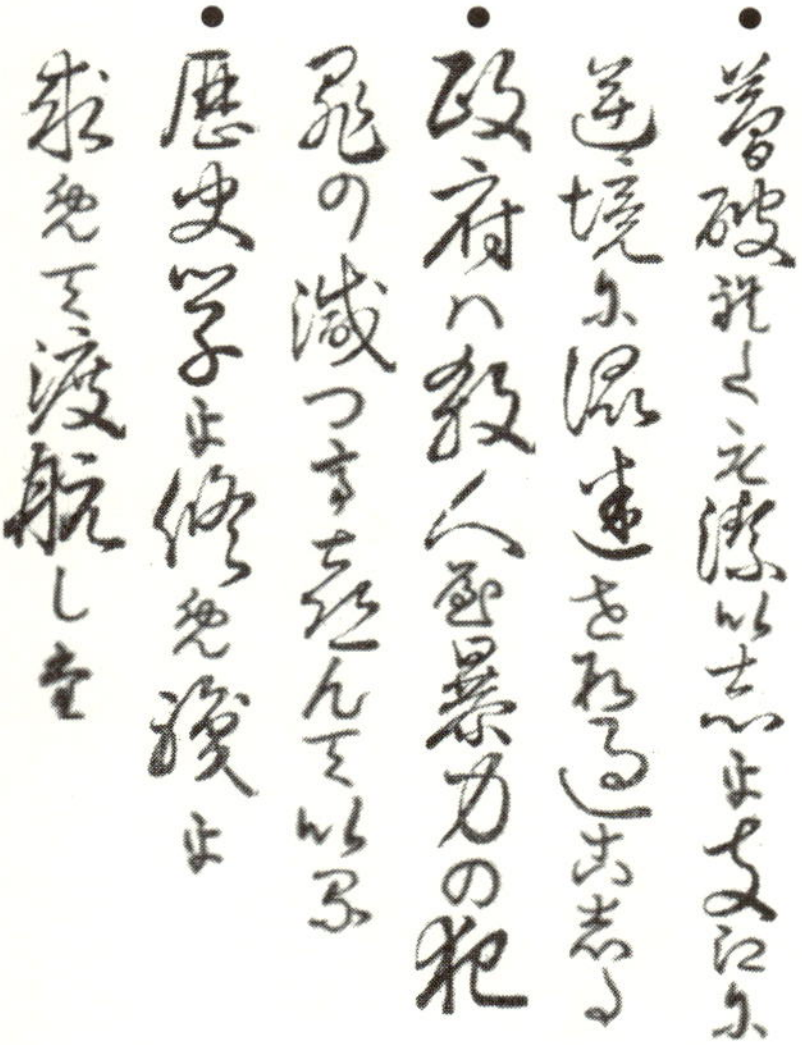

夢破れても潔い志を支えに
逆境に混迷せず過ごした
政府は殺人や暴力の犯
罪が減って喜んでいる
歴史学を修め職を
求めて渡航した

小学校五年生で習う漢字❺

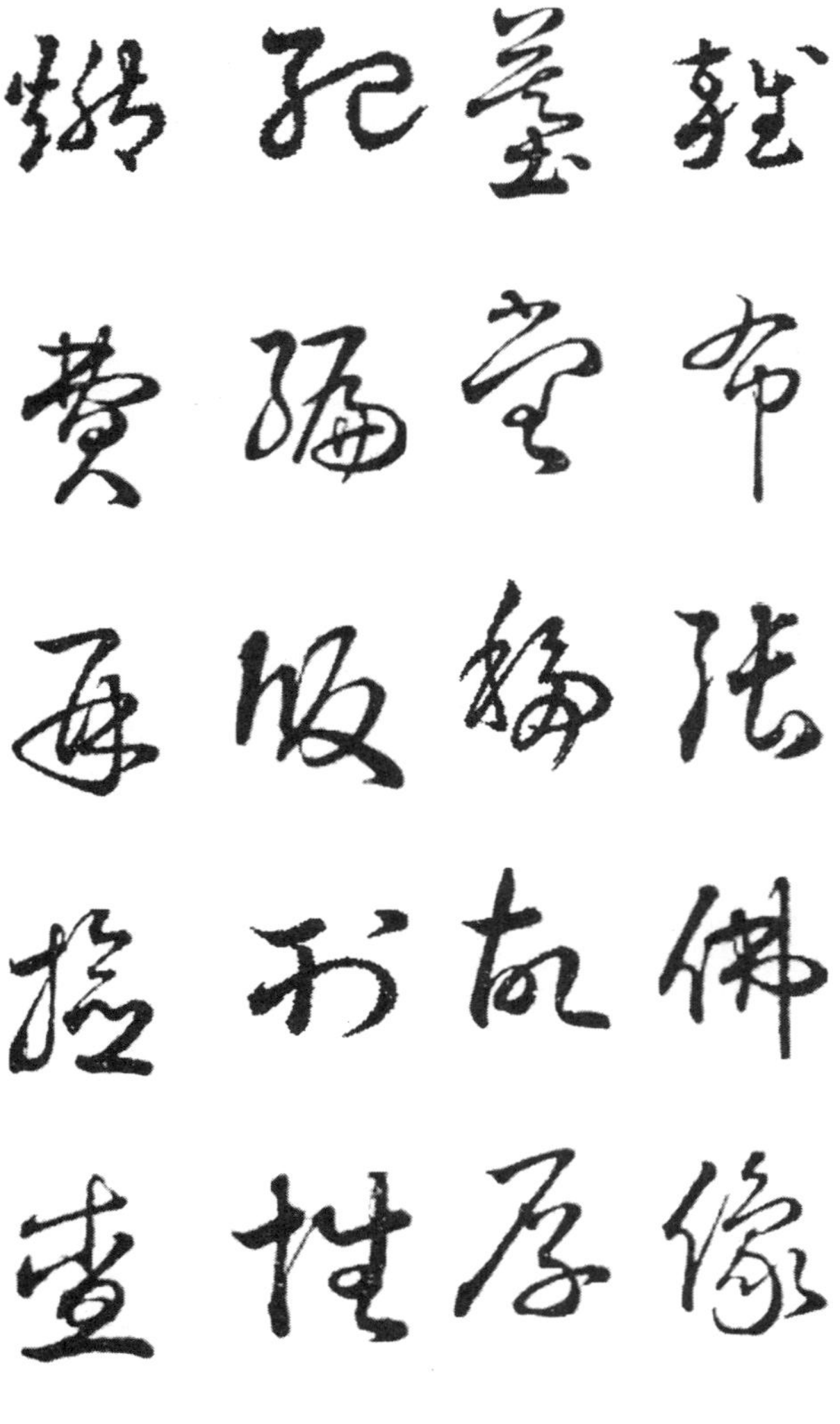

解答と演習

雑布張仏（佛）像　墓堂移故厚　紀編版刊性

燃費再検（檢）査

〈注〉佛は仏の、檢は検の旧字

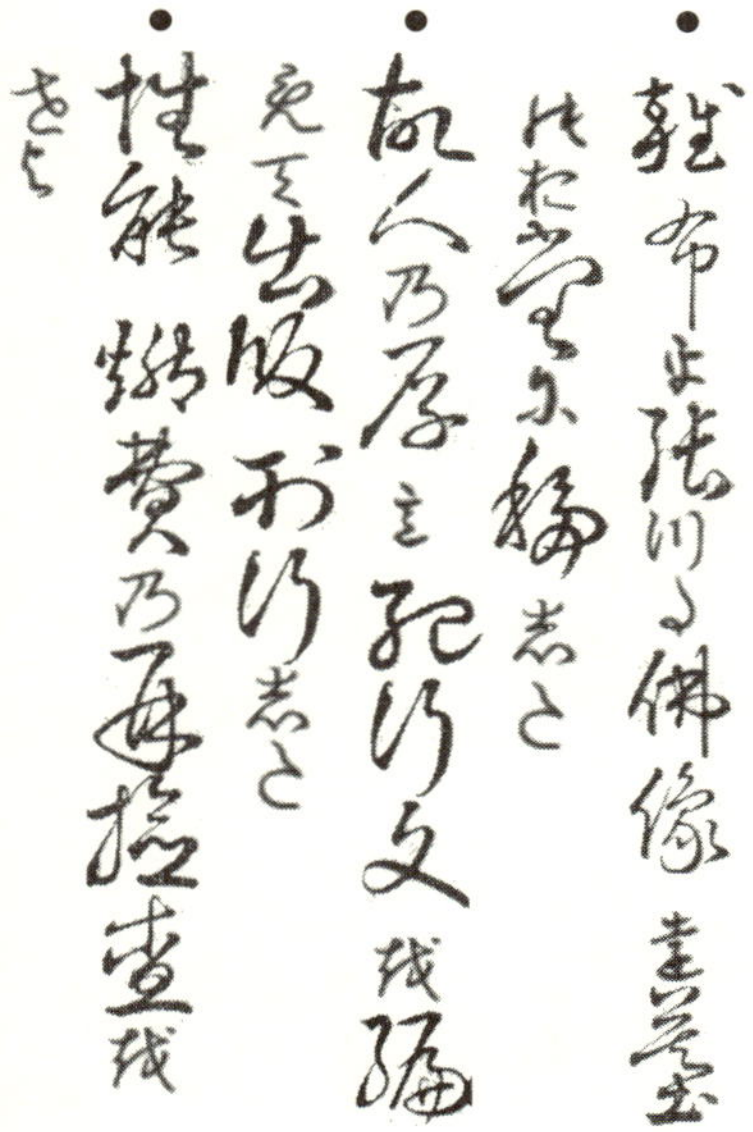

雑布を張った仏像を墓のお堂に移した故人の厚い紀行文を編んで出版・刊行した性能・燃費の再検査をせよ

小学校五年生で習う漢字❻

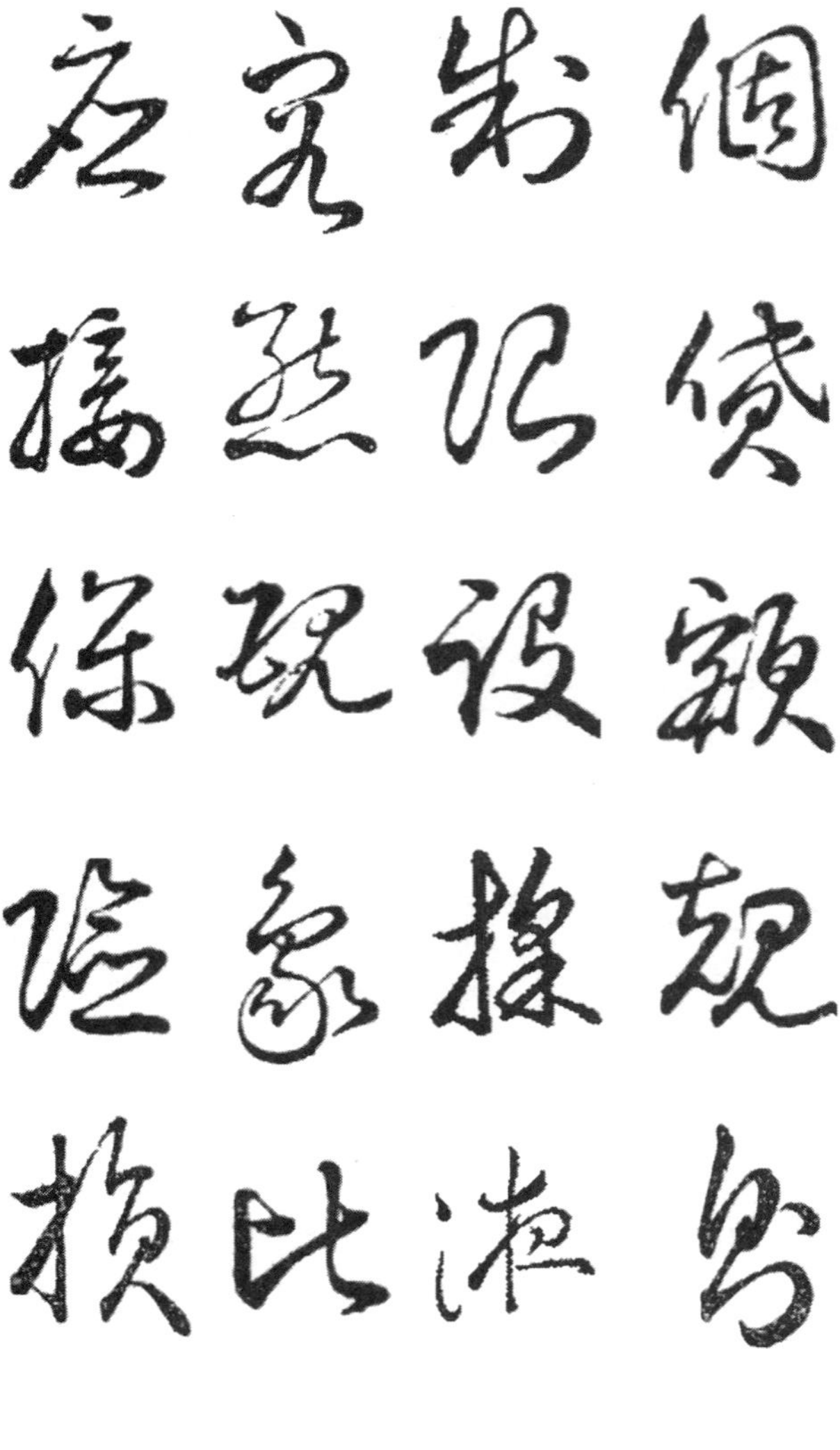

解答と演習

個貸額規則　制限設採液　容態現象比

応（應）接保険（險）損　〈注〉應は応の、險は険の旧字

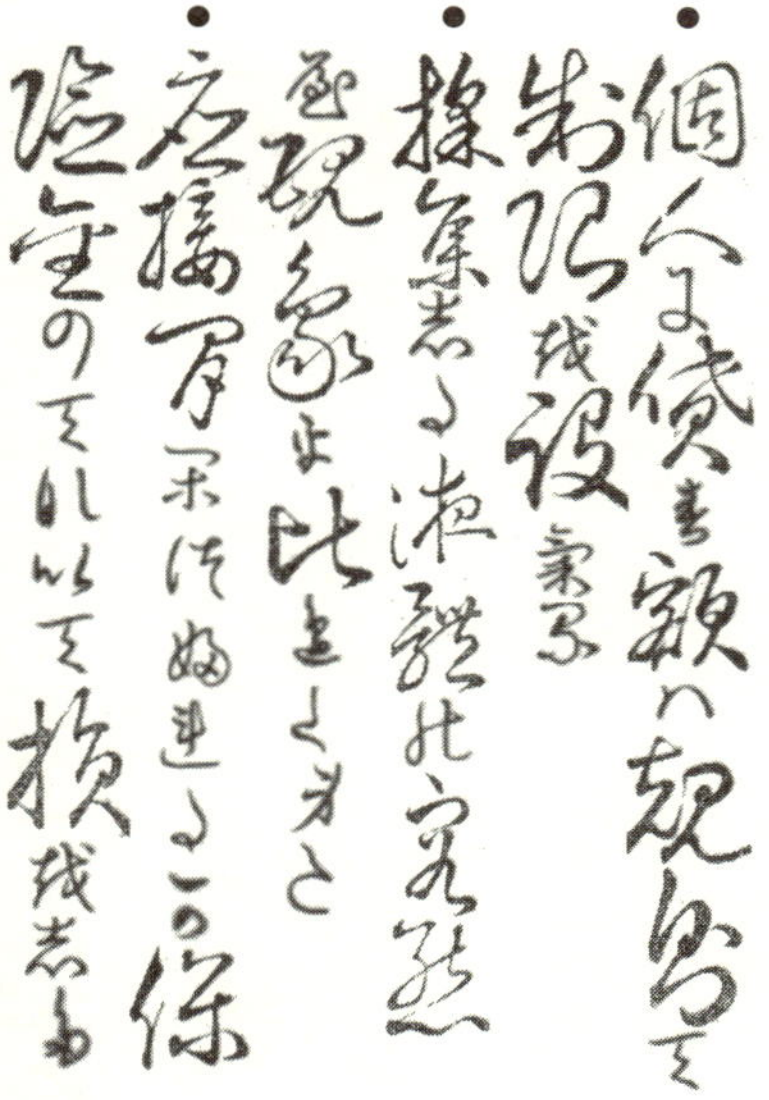

個人に貸す額は規則で
制限を設ける
採集した液体（體）の容態
や現象を比べてみた
応接間がつぶれたが保
険金がでないで損をした

小学校五年生で習う漢字⑦

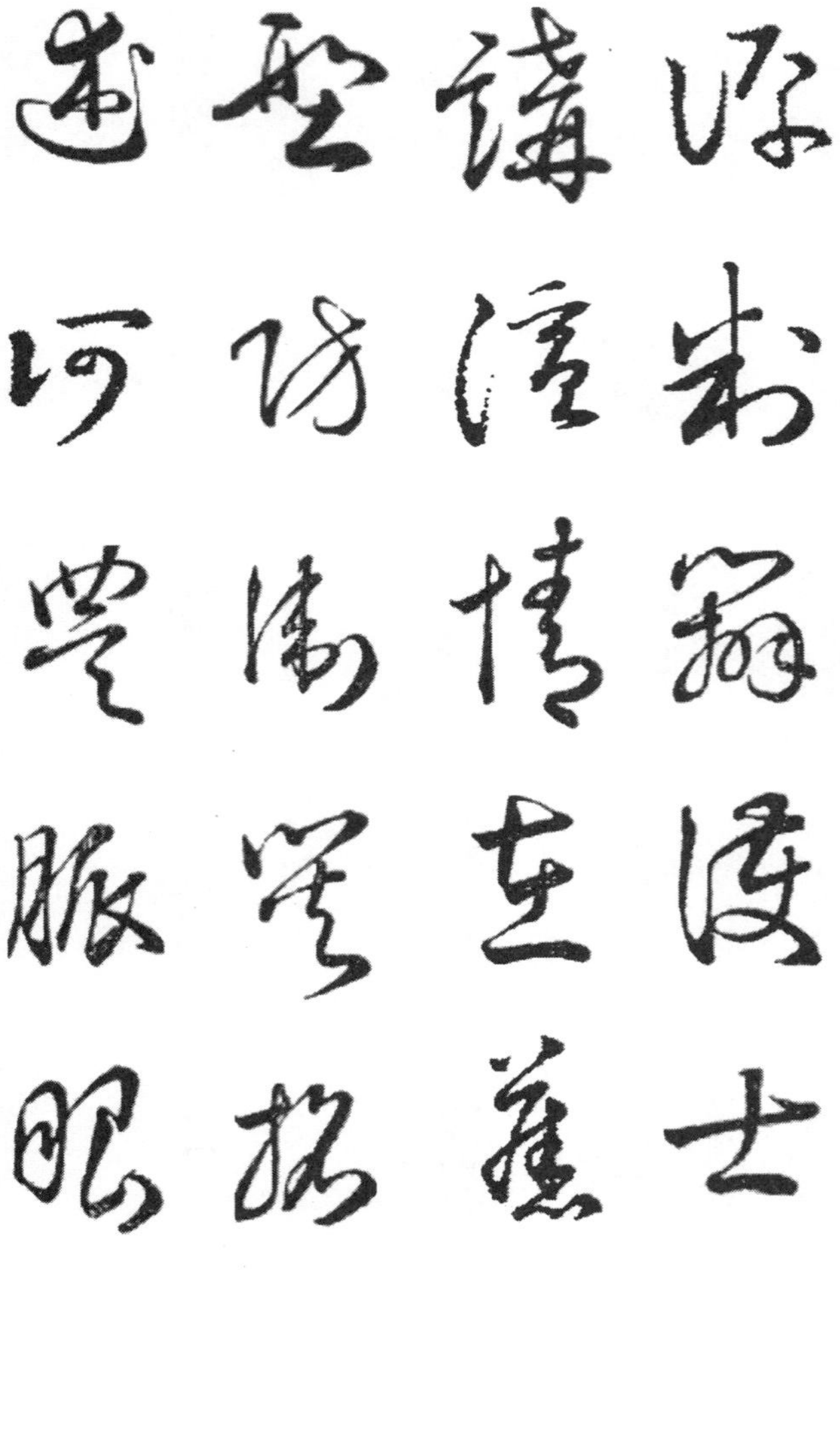

解答と演習

評判弁（辨）護士　講演情在旧（舊）　型防衛災招

述河豊脈眼

〈注〉辨は弁の、舊は旧の旧字

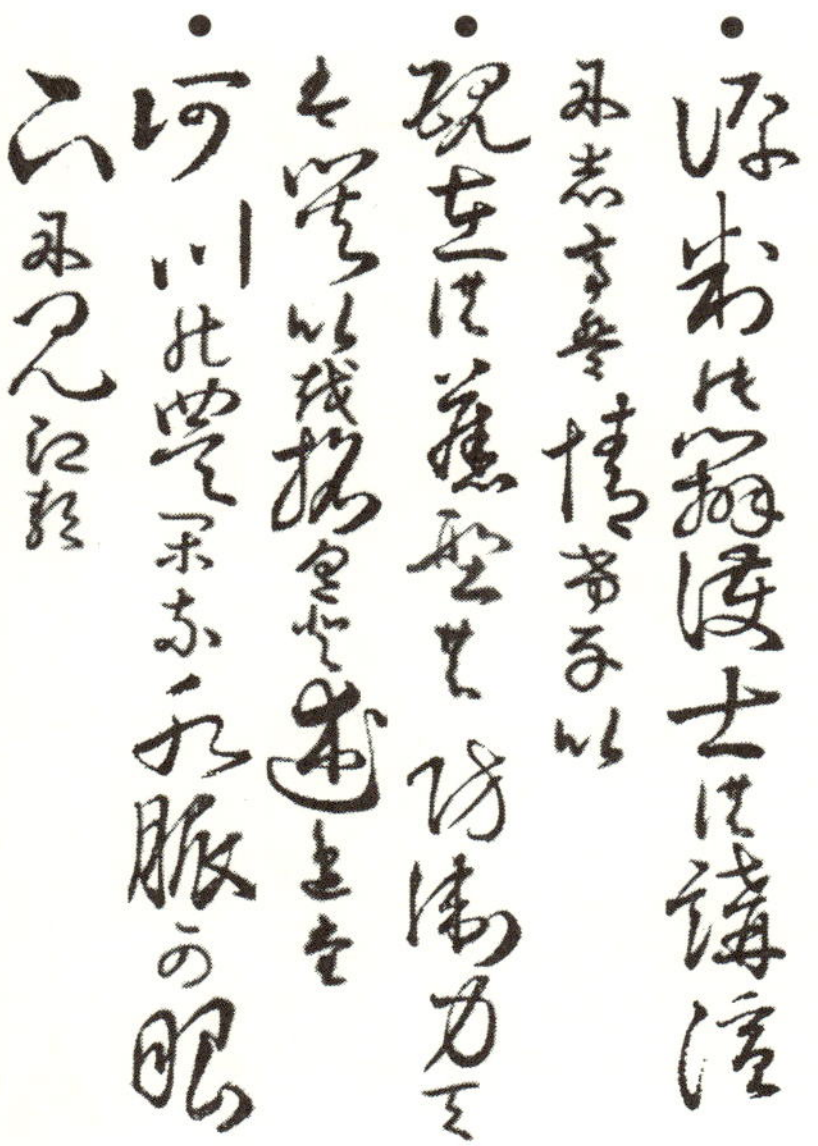

評判の弁護士の講演
にしては情けない
現在の旧型の防衛力で
は災いを招くと述べた
河川の豊かな水脈が眼
下に見える

小学校五年生で習う漢字⑧

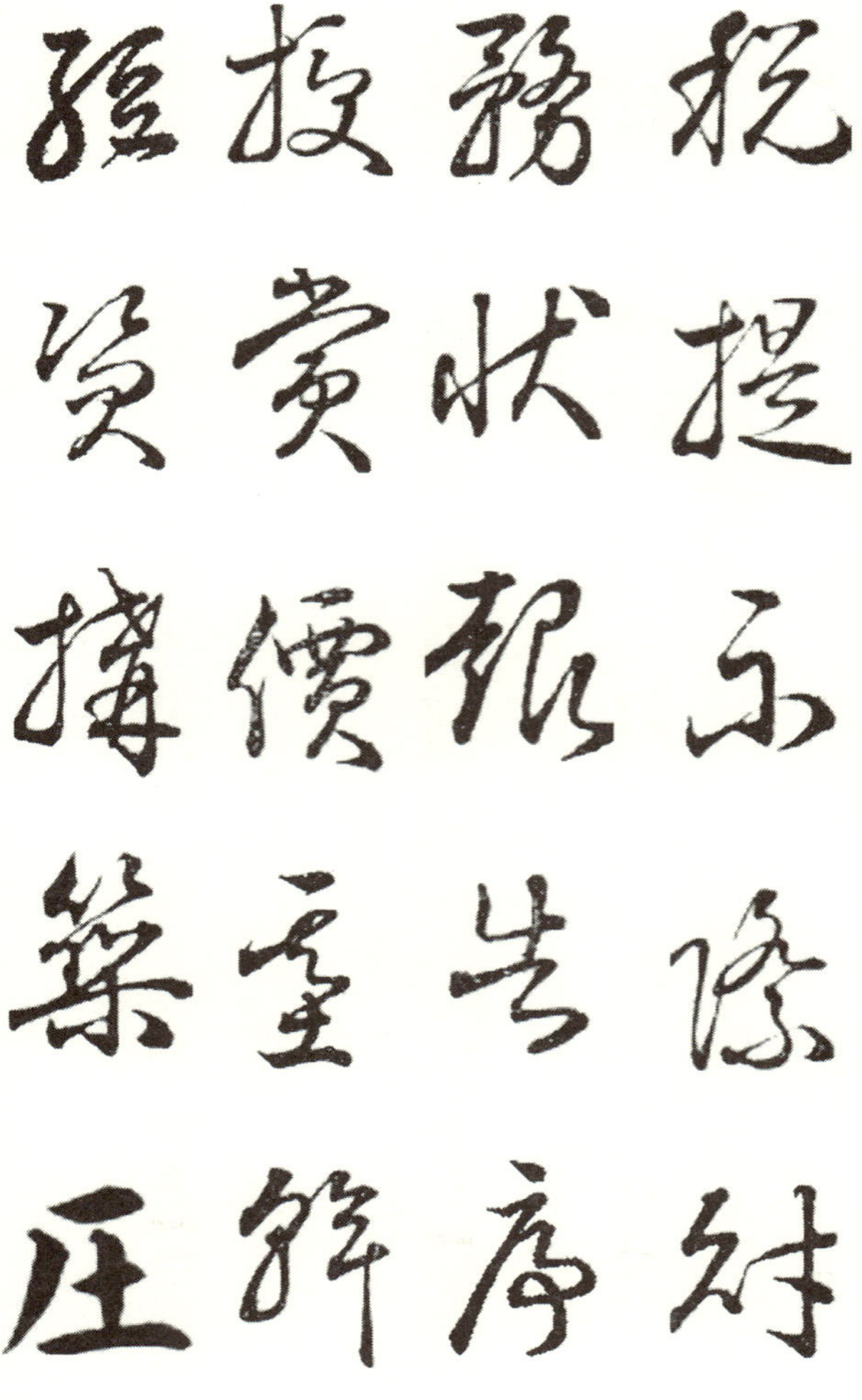

解答と演習

税提示際財　務状報告序　授賞価（價）基幹
経（經）資構築圧

〈注〉價は価の、經は経の旧字

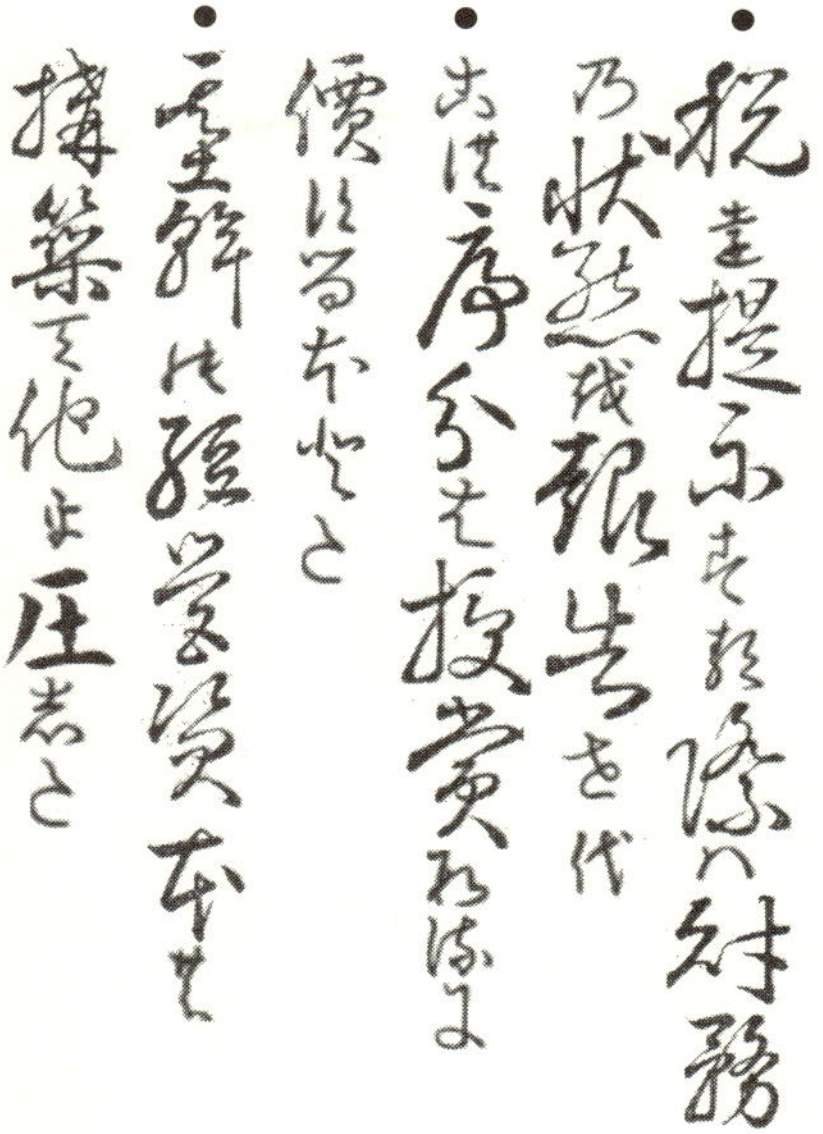

税を提示する際は財務
の状態を報告せよ
この序文は授賞するに
価するほどだ
基幹の経営資本の
構築で他を圧した

小学校五年生で習う漢字⑨

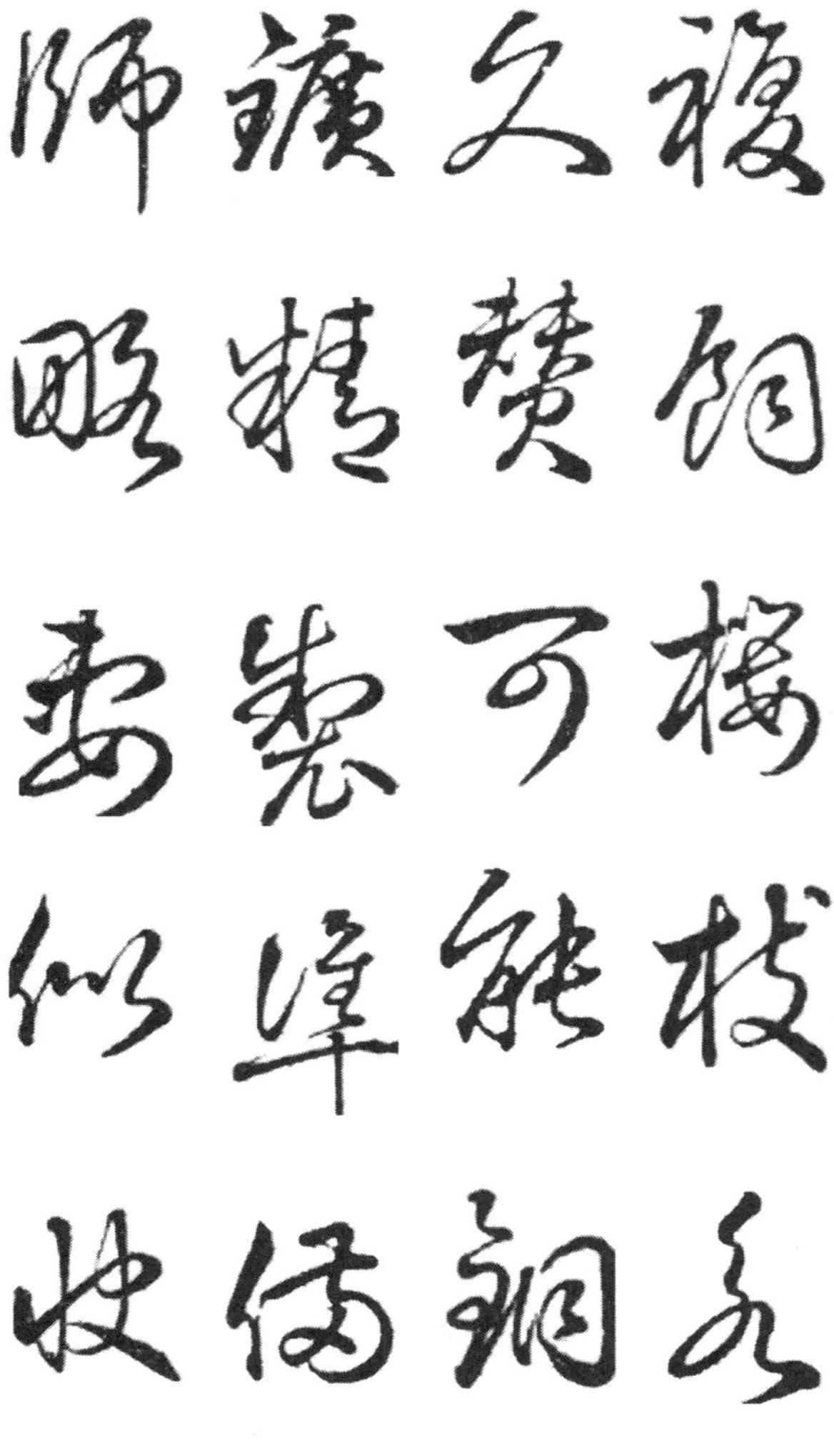

解答と演習

複飼桜枝永

師略妻似快

久賛可能銅

鉱（鑛）精製準備

〈注〉鑛は鉱の旧字

略は （畧）と書くこともある

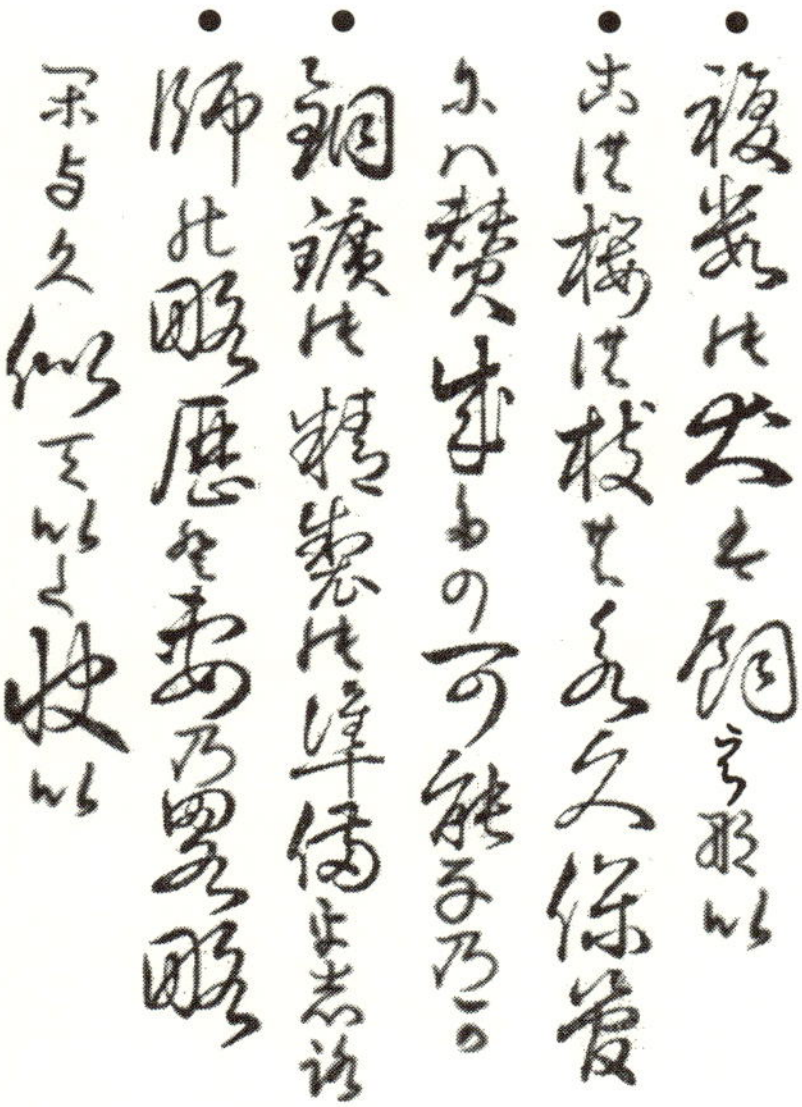

複数の犬は飼えない
この桜の枝の永久保管
には賛成だが可能なのか
銅鉱の精製の準備をしろ
師の略歴と妻の略歴
がよく似ていて快い

小学校五年生で習う漢字⑩

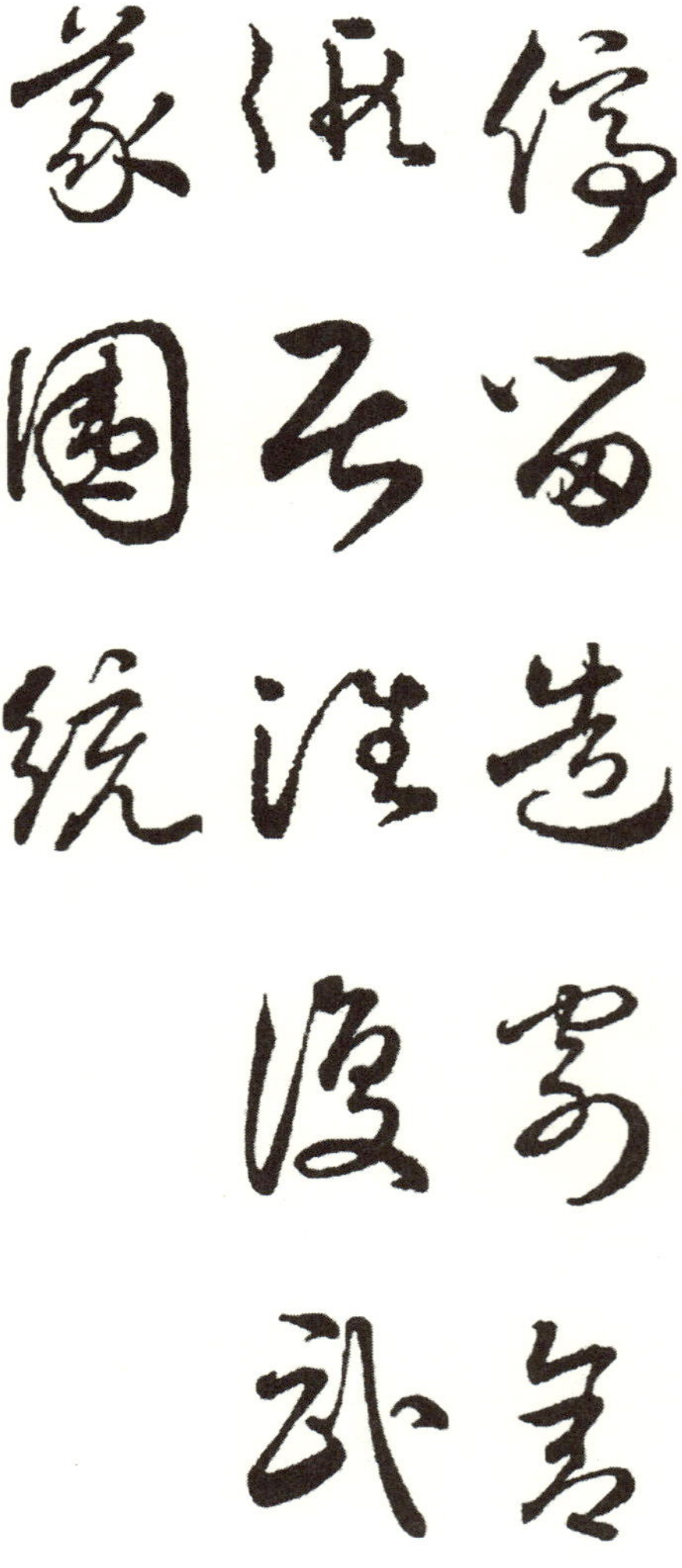

解答と演習

停留（畄）造寄舎　仮（假）居往（徃）復武

義囲（圍）統

〈注〉假は仮の、圍は囲の旧字

留は畄、往は徃が通用字として使われた

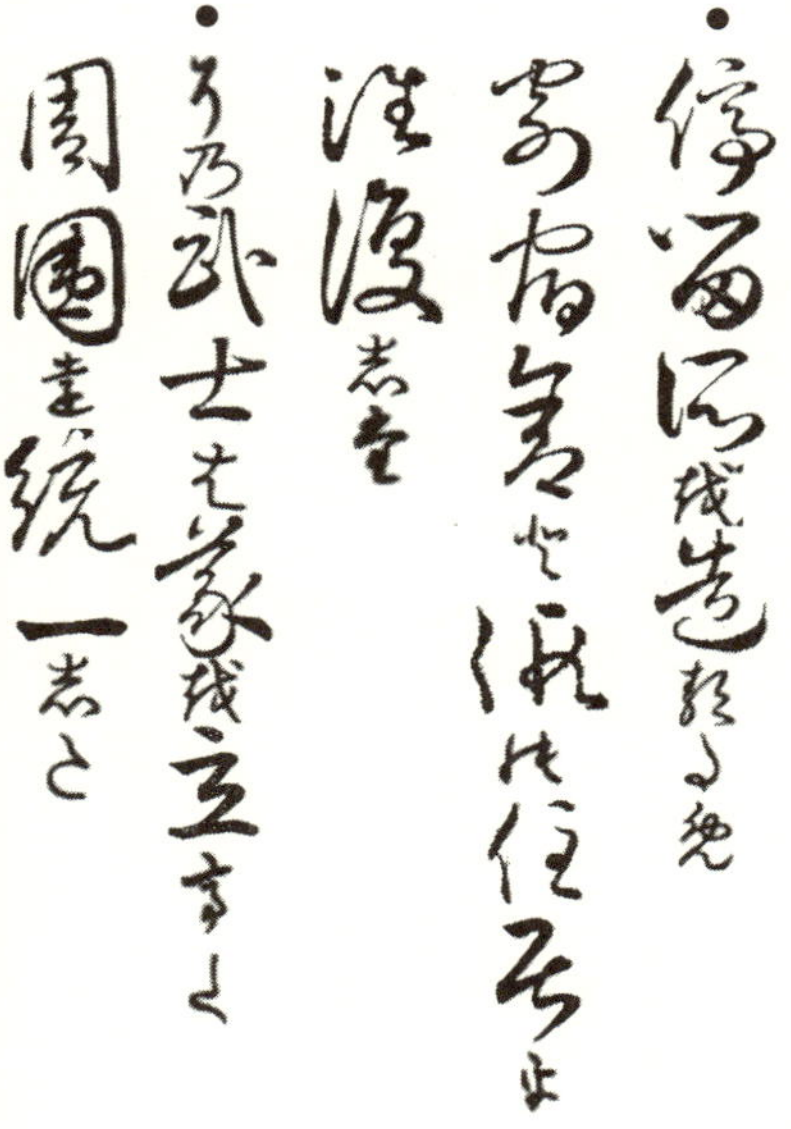

停留所を造るため
寄宿舎と仮の住居を
往復した
その武士は義を立てて
周囲を統一した

六年生の教育漢字　一八三字

二〇一七年の小学校学習指導要領により、一字（「城」）が四学年に移動し十一字が新たに加わり百八十一字から百九十一字になりました。ここでは、近世文書にあまり出てこない八字を除き、百八十三字を用いた文章で収録しました。

六年生の教育漢字　百九十一字

音読み順　□の字は本書末掲載

胃異遺域宇映延沿恩我灰拡革閣割株干巻
看簡危机揮貴疑吸供胸郷勤筋系敬警劇激
穴券絹権憲源厳己呼誤后孝皇紅降[鋼]刻穀
骨困砂座済裁策冊蚕至私姿視詞誌[磁]射捨
尺若樹収宗就衆従縦縮熟純処署諸除承将
傷障蒸針仁垂推寸盛聖誠舌宣専泉洗染銭
善奏窓創装層操蔵臓存尊退宅担探誕段暖
値宙忠著庁頂腸潮賃痛敵展討党糖届難乳
認納脳[派]拝背肺俳班晩否[批]秘俵腹奮並[陛]
閉片補暮宝訪亡忘[棒]枚幕密盟模訳[郵]優預
幼欲翌乱[卵]覧裏律臨朗論

小学校六年生で習う漢字❶

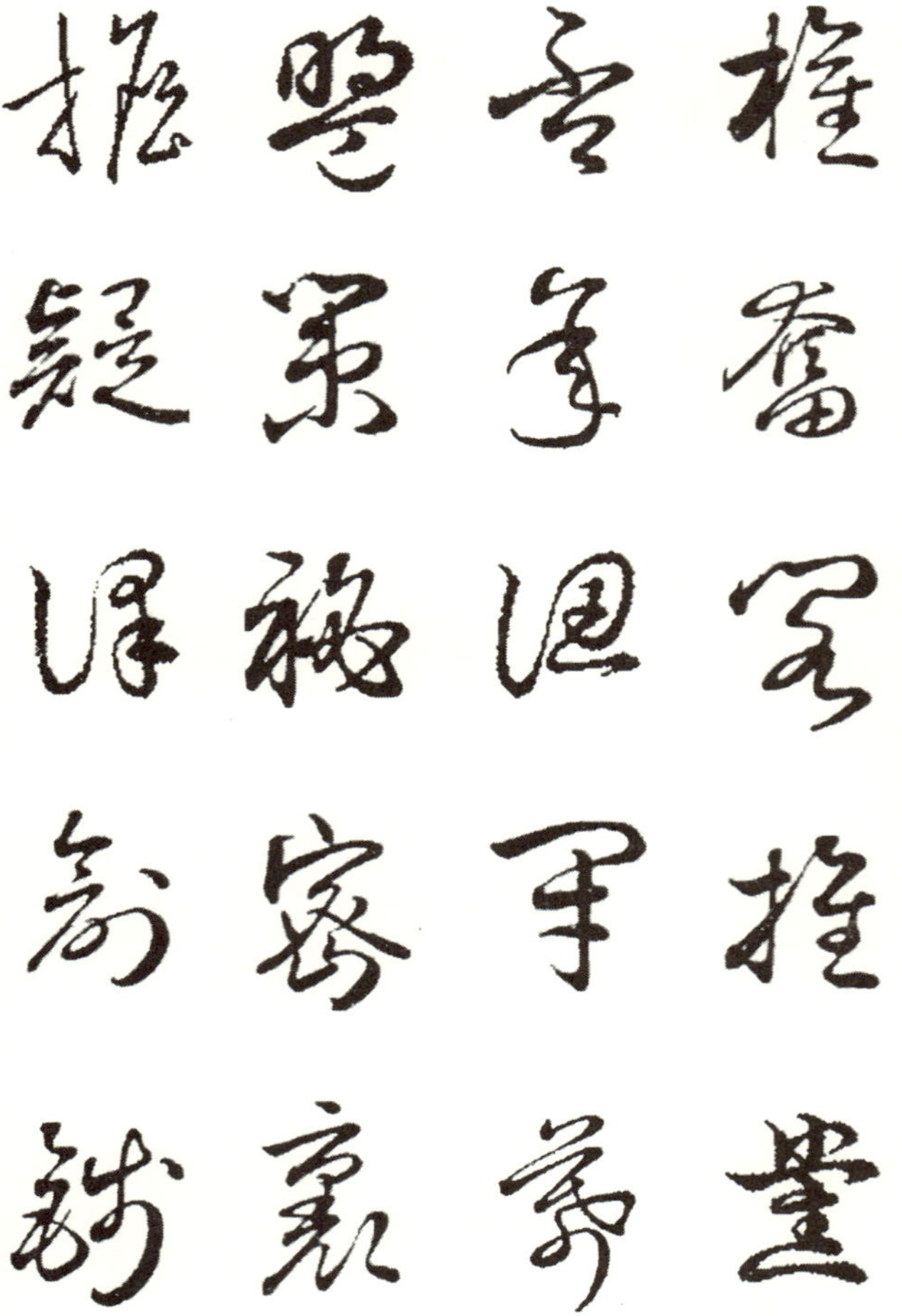

解答と演習

権奮閣推党（黨）　否承認閉幕　盟策秘密裏

〈注〉黨は党の、擔は担の、譯は訳の旧字

担（擔）疑訳（譯）創銭

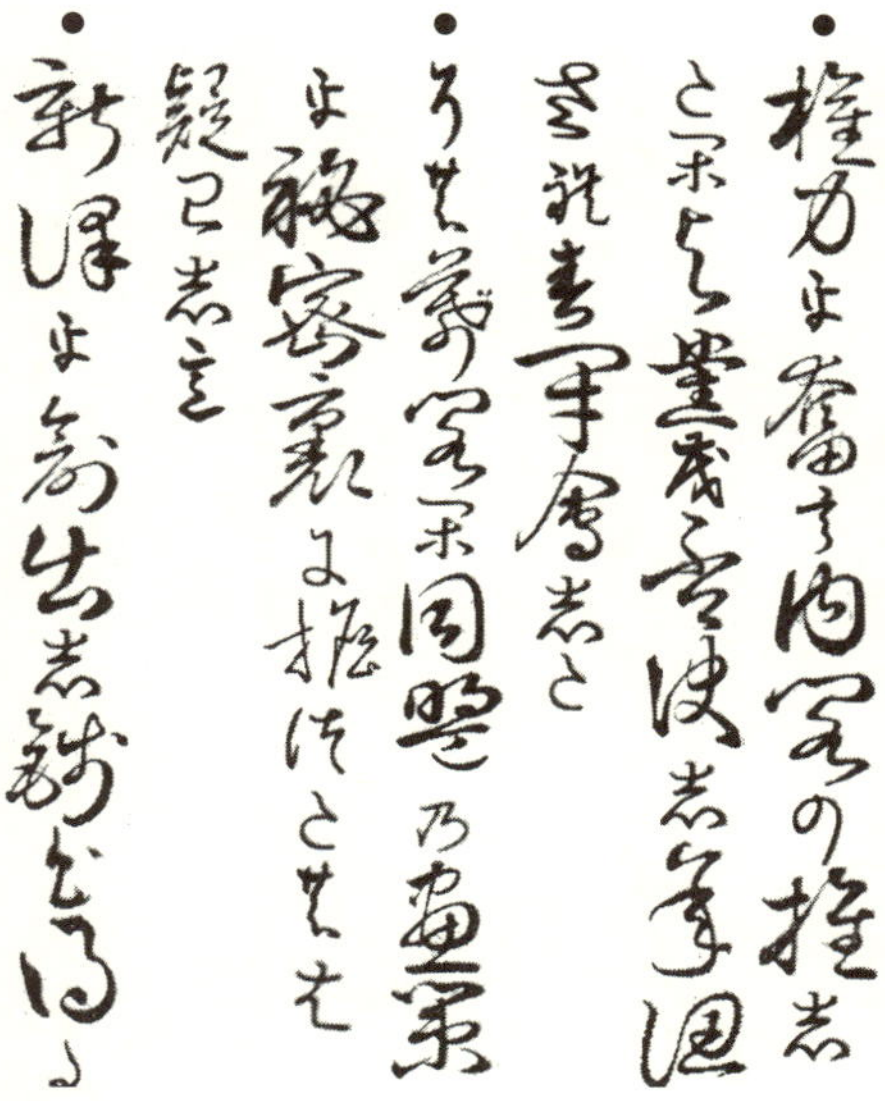

権力を奮う内閣が推し
たが与党も否決し承認
されず閉会した
その幕閣が同盟の画策
を秘密裏に担ったのは
疑わしい
新訳を創出し銭を得た

小学校六年生で習う漢字❷

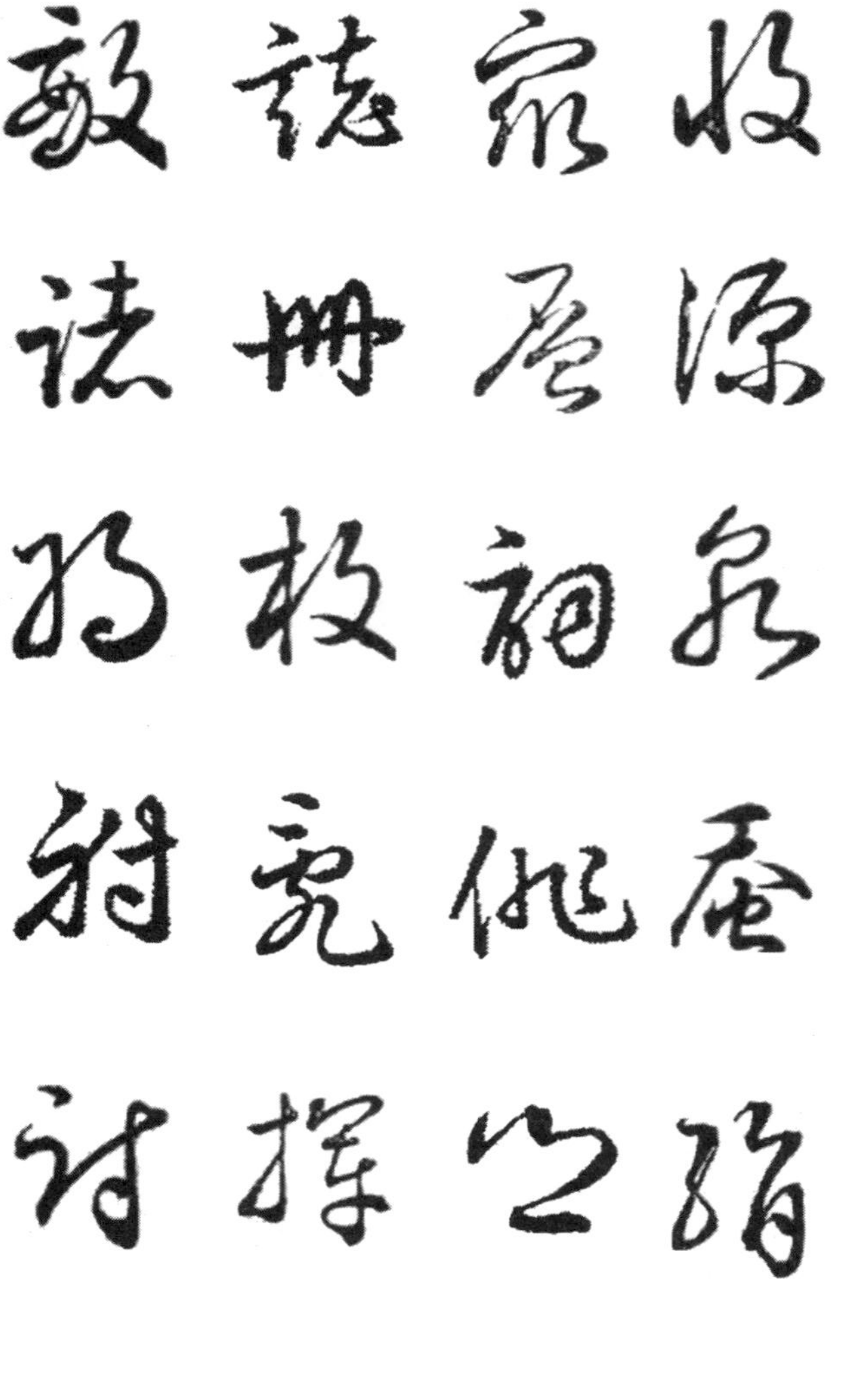

解答と演習

収源泉蚕絹　衆層詞俳郷　誌冊枚乱(亂)揮　敵諸将射討

〈注〉亂は乱の旧字

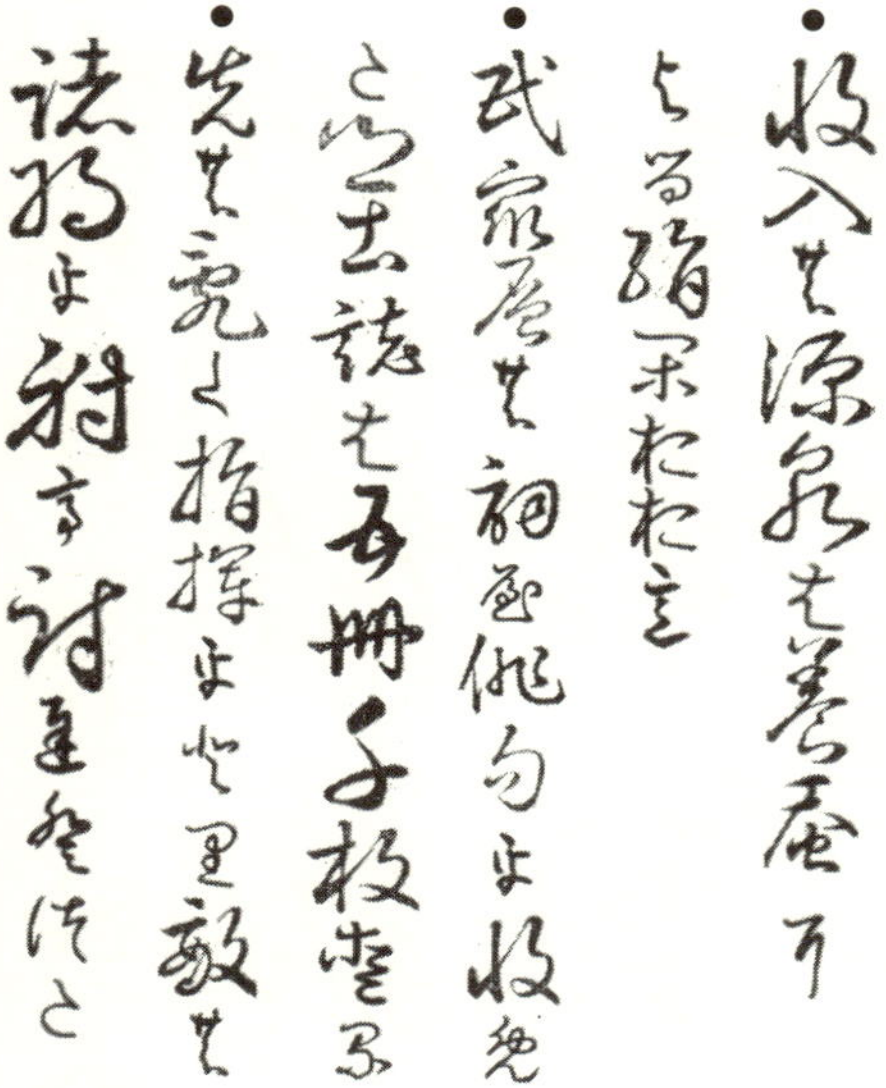

収入の源泉は養蚕に
よる絹がおおい
民衆層の詞や俳句を収め
た郷土誌は五冊千枚ある
先の乱で指揮をとり敵の
諸将を射て討ちとった

小学校六年生で習う漢字❸

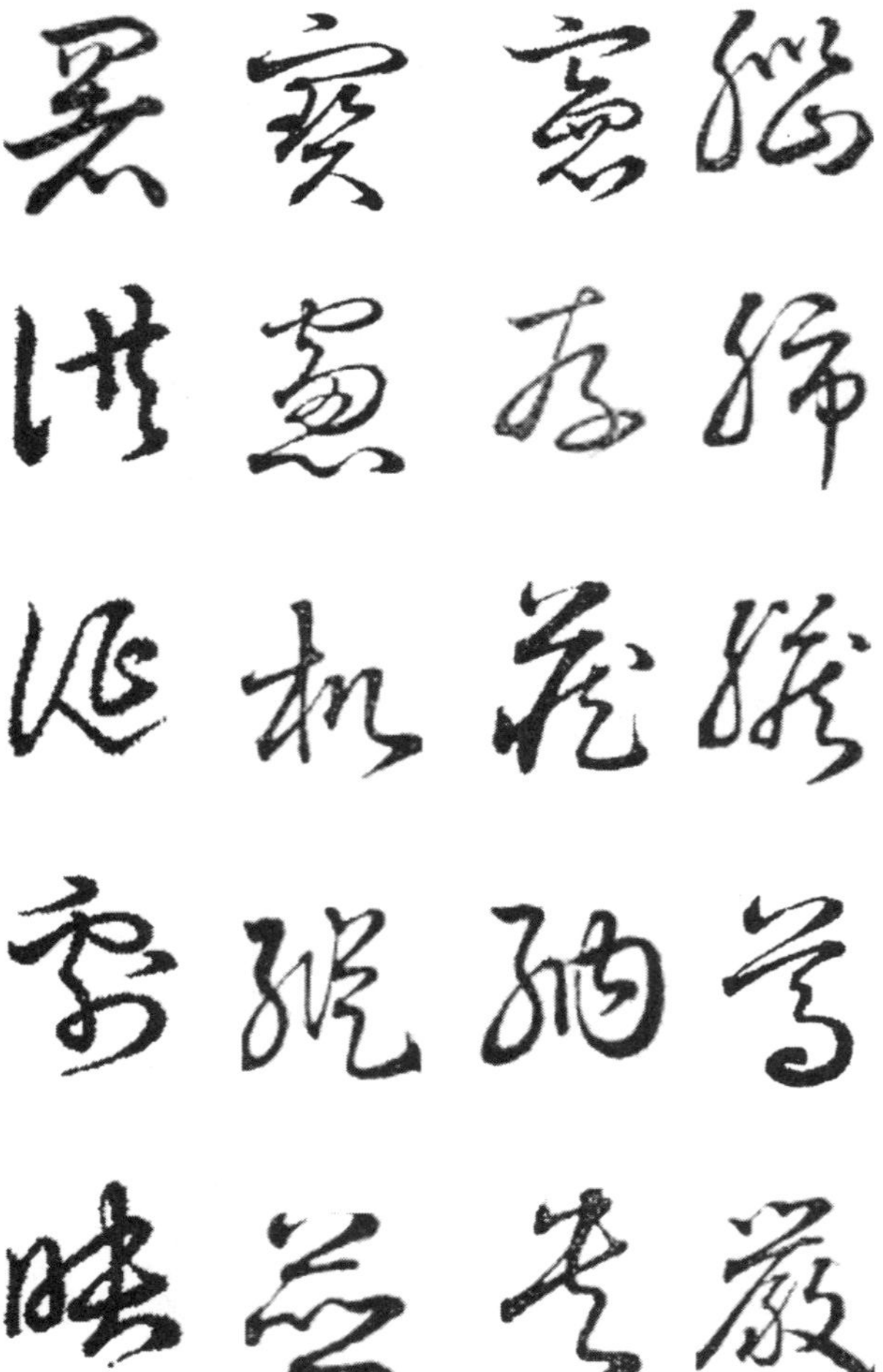

解答と演習

脳肺臓尊厳　憲存蔵納貴　宝（寶）窓（窗）机縦並

〈注〉寶は宝の旧字　窓は窗が通用字として使われた

署供誕劇映

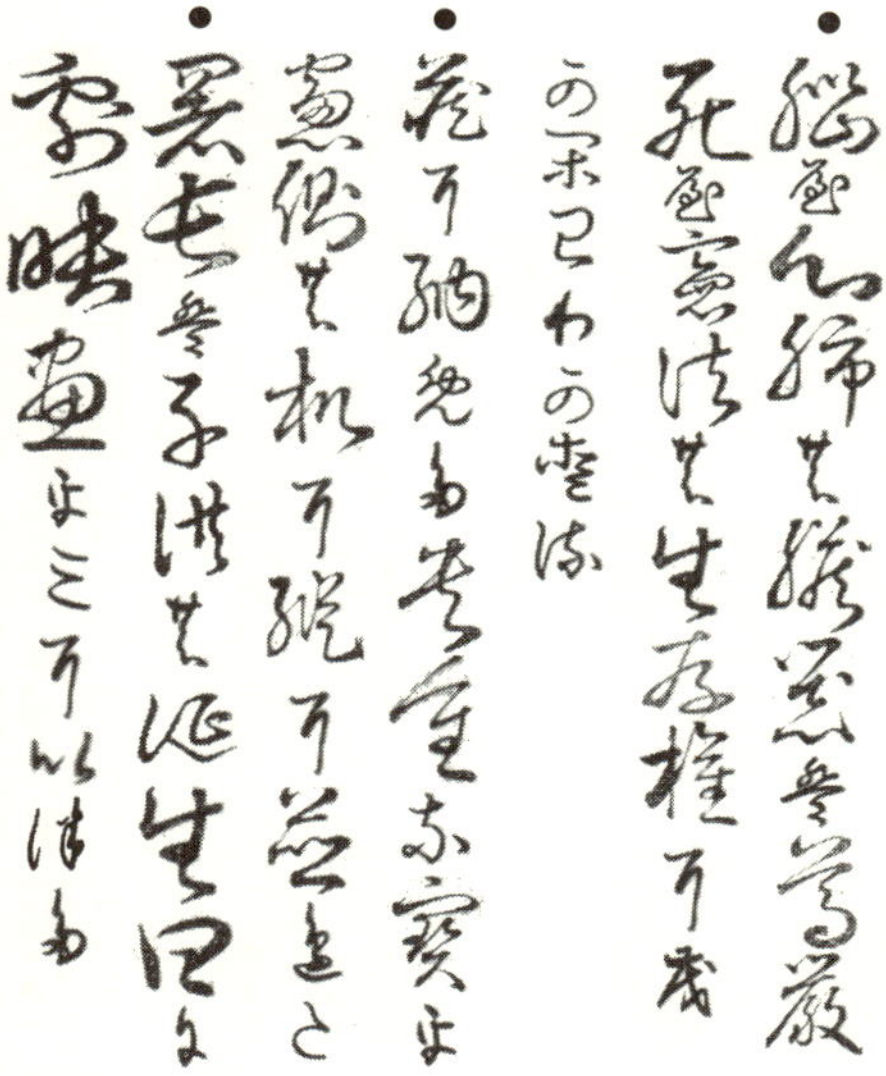

脳や心肺の臓器は尊厳
死や憲法の生存権にも
かかわりがある
蔵に納めた貴重な宝を
窓側の机に縦に並べた
署長は子供の誕生日に
劇映画をみにいった

小学校六年生で習う漢字④

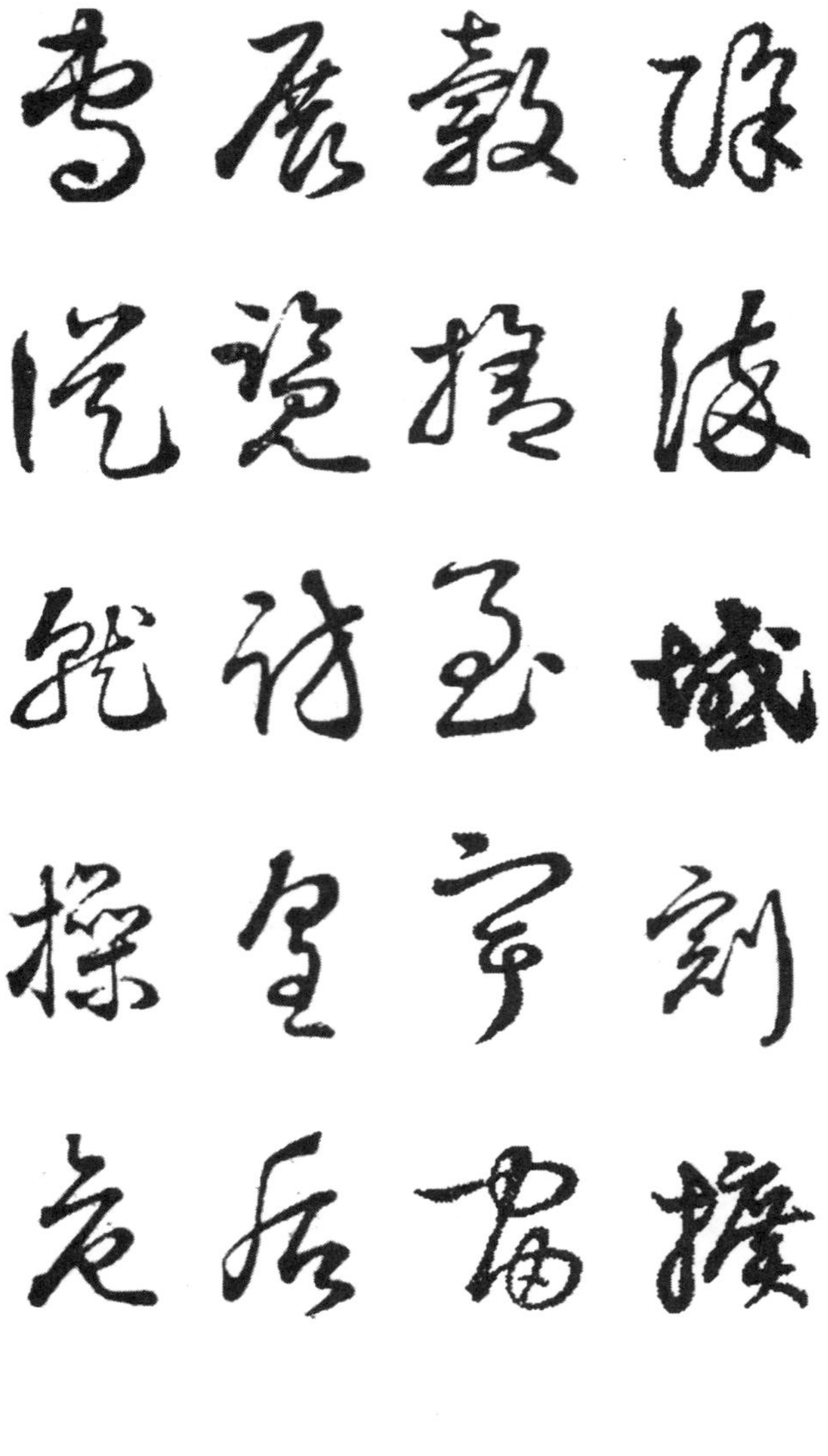

解答と演習

除染域割拡（擴）　穀捨至宇宙　展覧訪皇后　専従就操危

〈注〉擴は拡の旧字

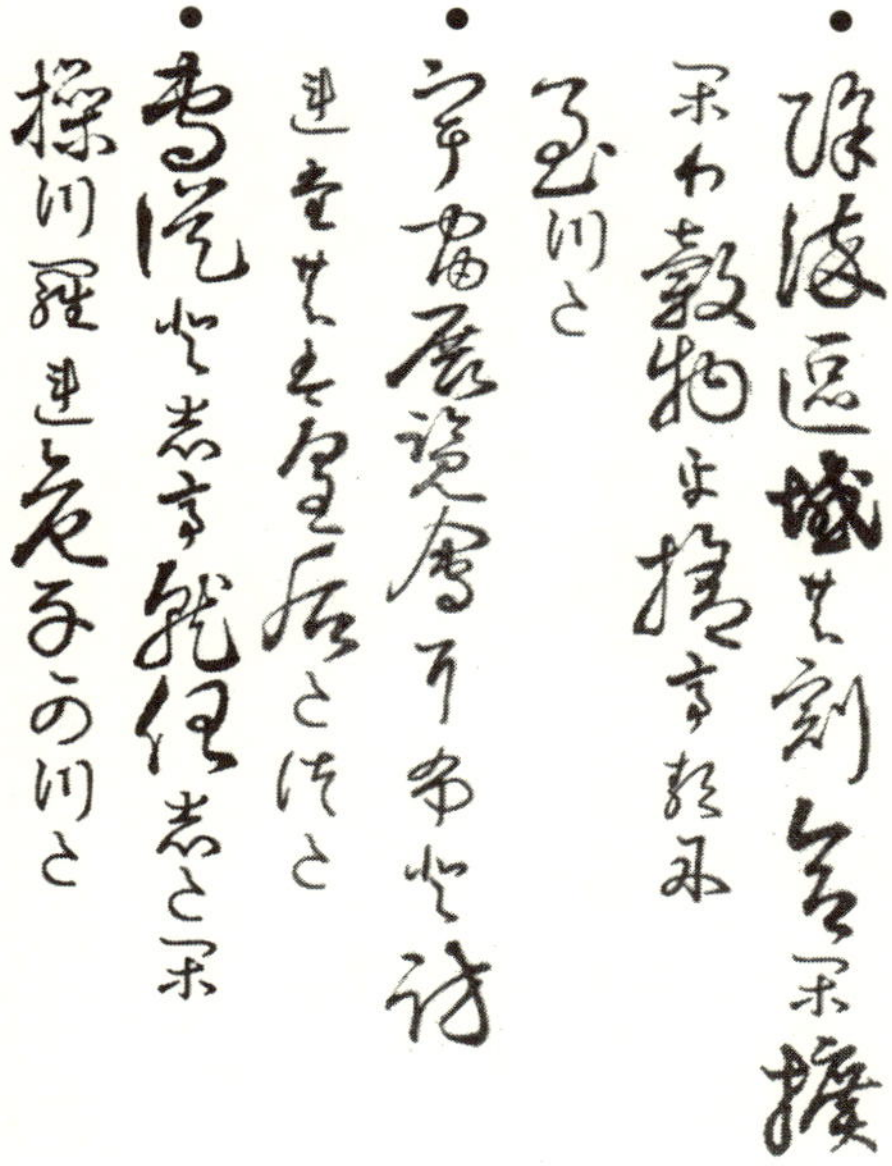

除染区（區）域の割合が拡
がり穀物を捨てるに
至った
宇宙展覧会にふと訪
れたのは皇后だった
専従として就任したが
操られ危なかった

小学校六年生で習う漢字❺

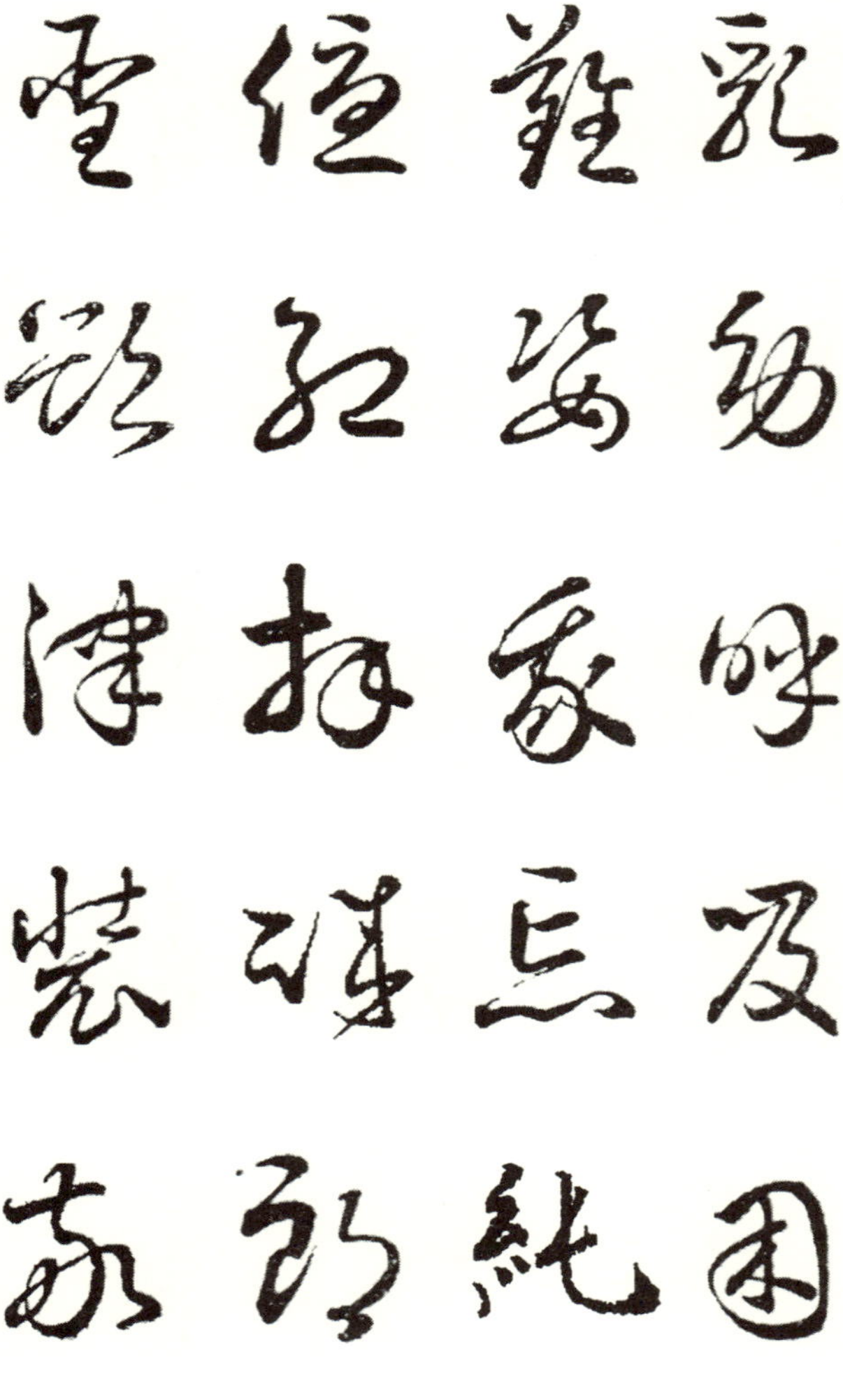

解答と演習

乳幼呼吸困　難姿我忘純　優紅拝誠朗　聖欲律装敬

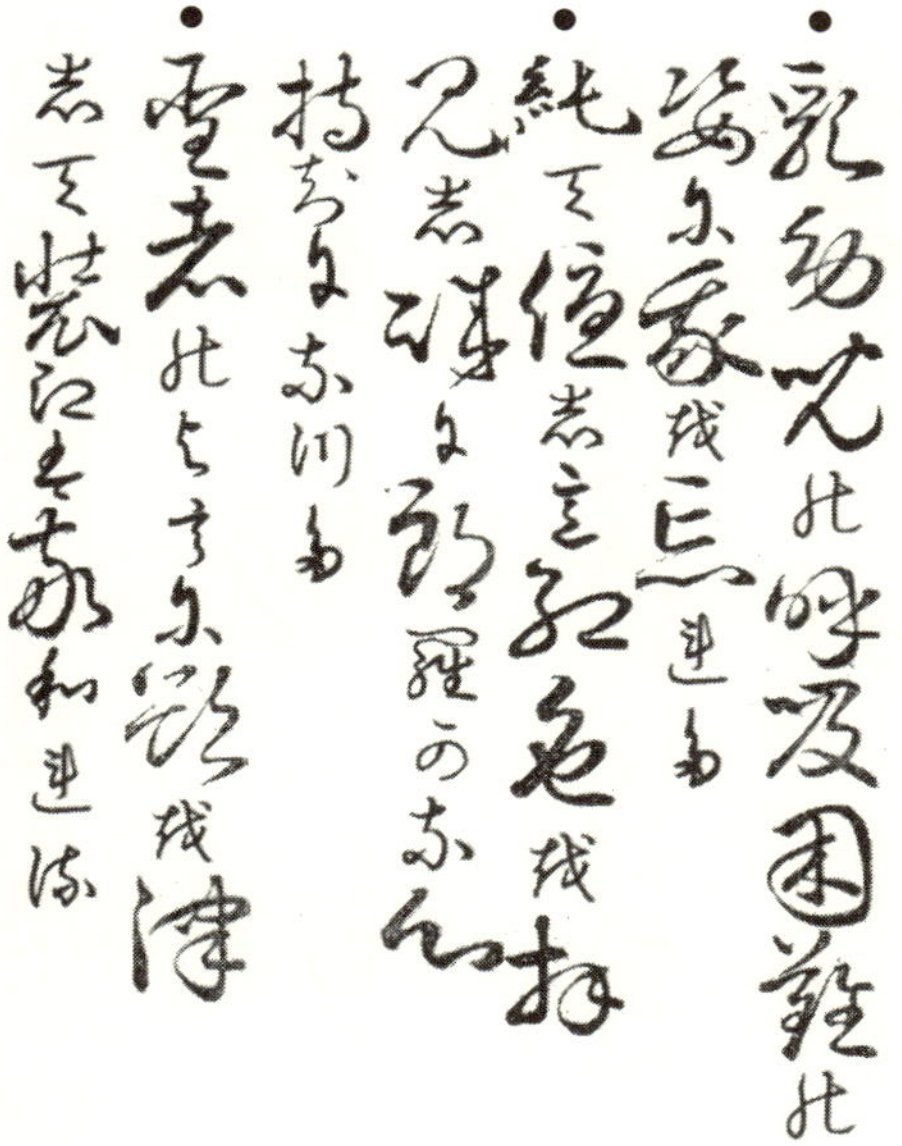

乳幼児の呼吸困難の
姿に我を忘れた
純で優しい紅色を拝
見し誠に朗らかな心
持ちになった
聖者のように欲を律
して装えば敬われる

小学校六年生で習う漢字❻

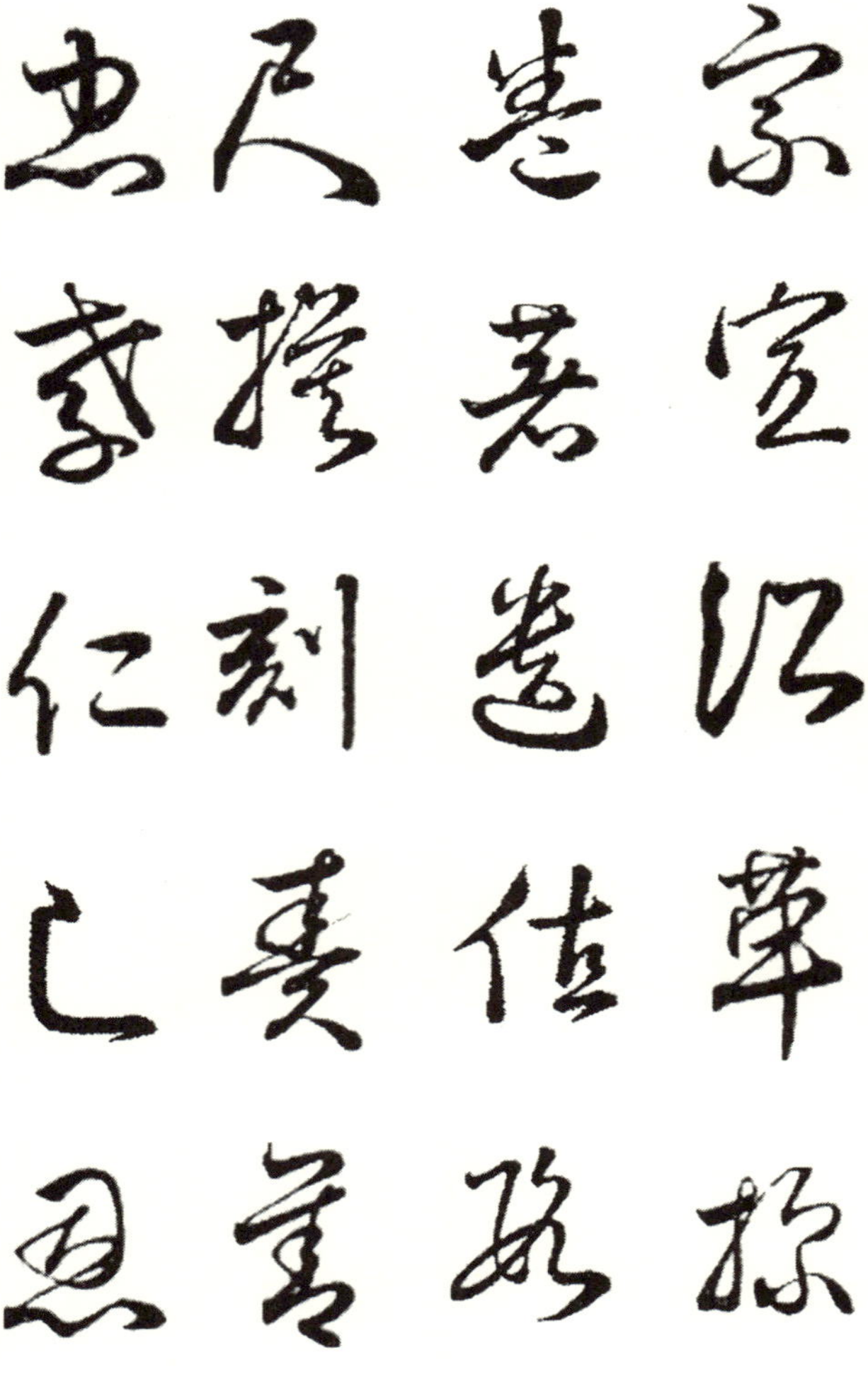

解答と演習

宗宣沿革探　巻著遺値段　尺模刻奏善　忠孝仁己恩

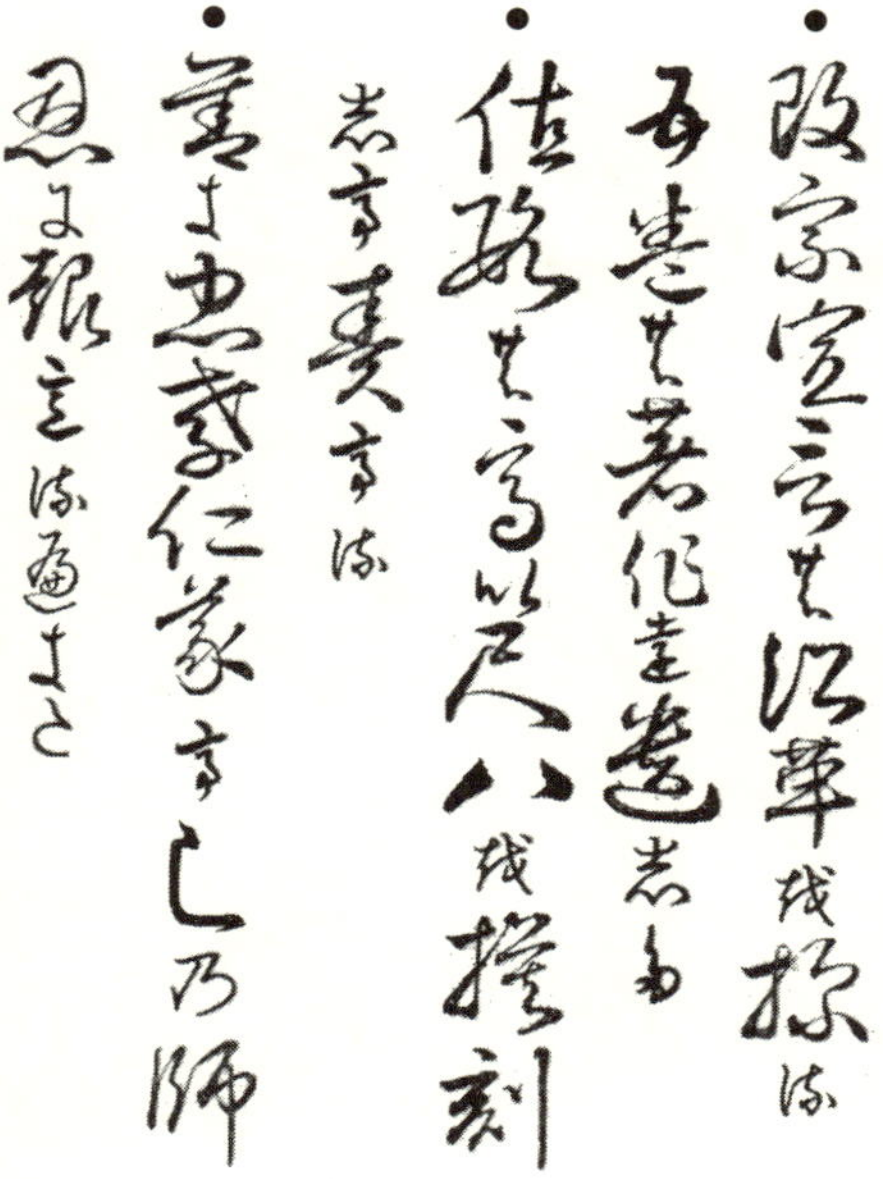

改宗宣言の沿革を探る
五巻の著作を遺した
値段の高い尺八を模刻
して奏でる
善き忠孝仁義で己の師
恩に報いるべきだ

小学校六年生で習う漢字⑦

解答と演習

翌晩警視庁（廳）　砂糖届樹片　洗蒸熟盛針

胸（胷）骨背筋傷

〈注〉廳は庁の旧字　胸は月が下にあり異体字になっている

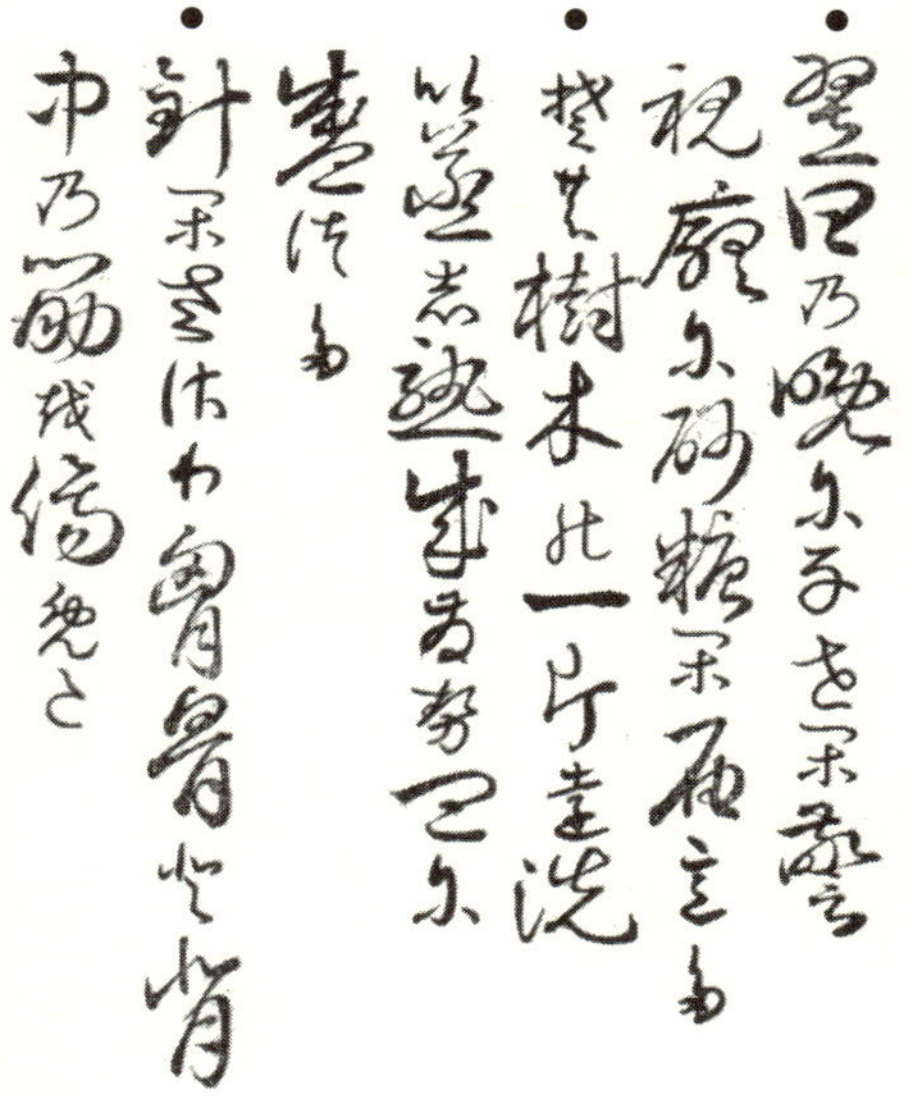

翌日の晩になぜか警
視庁に砂糖が届いた
その樹木の一片を洗
い蒸し熟成させ皿に
盛った
針がささり胸骨と背
中の筋を傷めた

小学校六年生で習う漢字❽

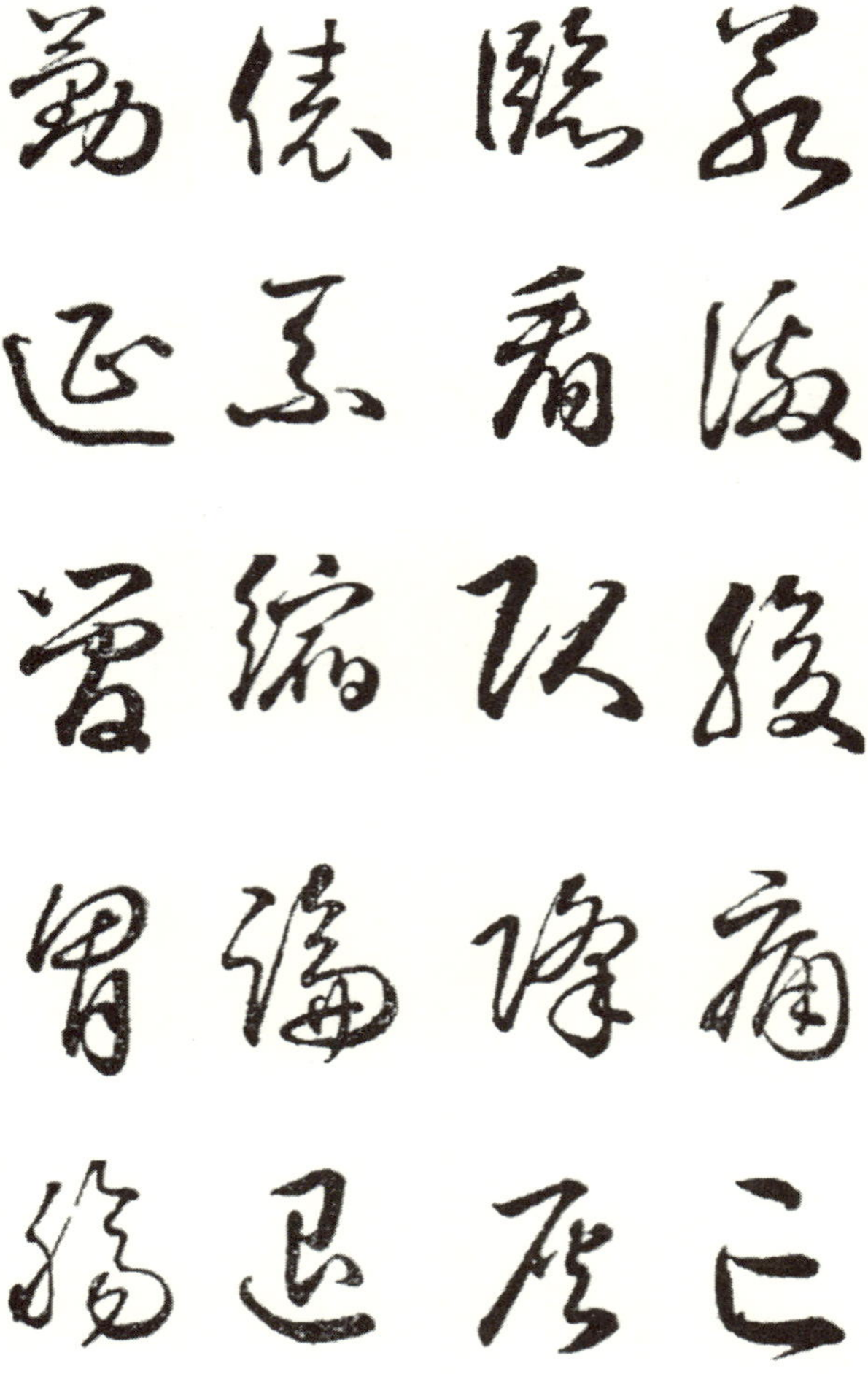

解答と演習

若激腹痛亡　臨看頂降灰　俵系縮論退　勤延簡胃腸

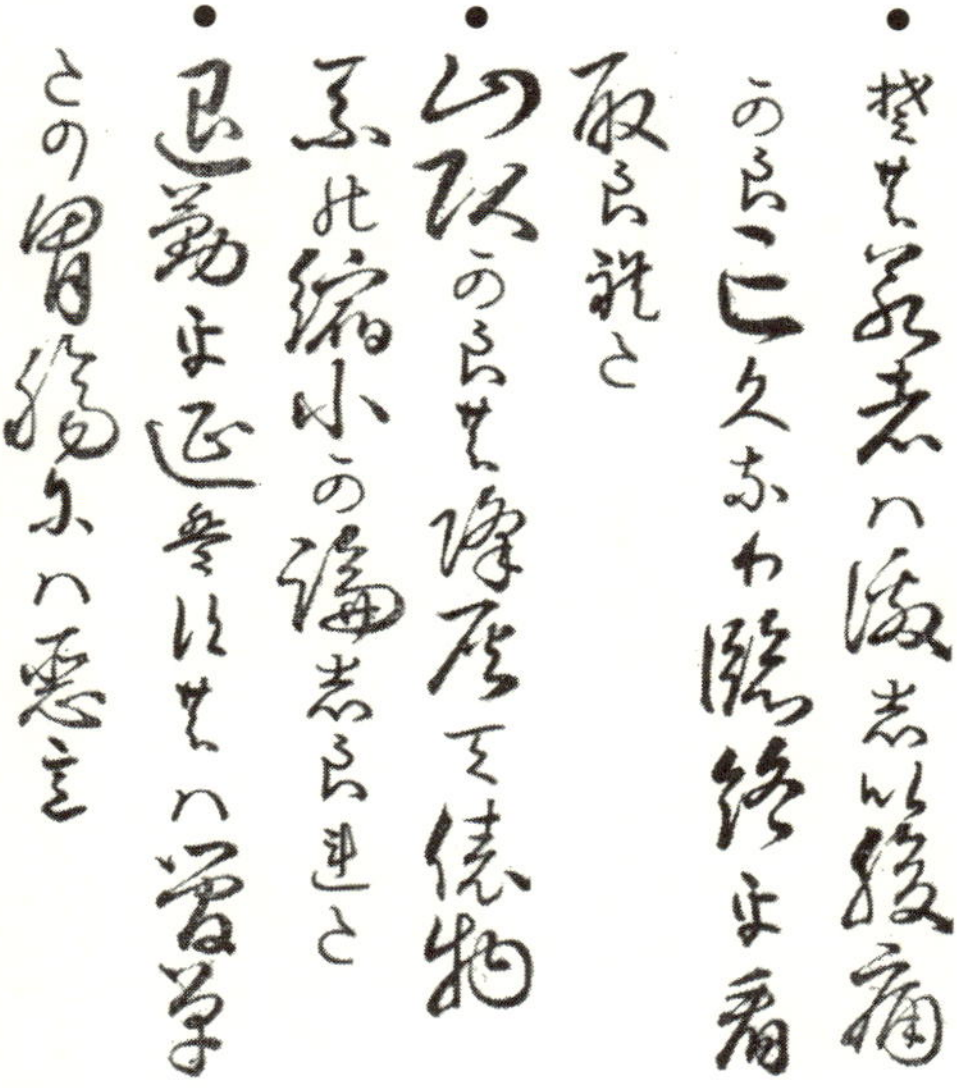

その若者は激しい腹痛
から亡くなり臨終を看
取られた
山頂からの降灰で俵物
系の縮小が論じられた
退勤を延ばすのは簡単
だが胃腸には悪い

小学校六年生で習う漢字❾

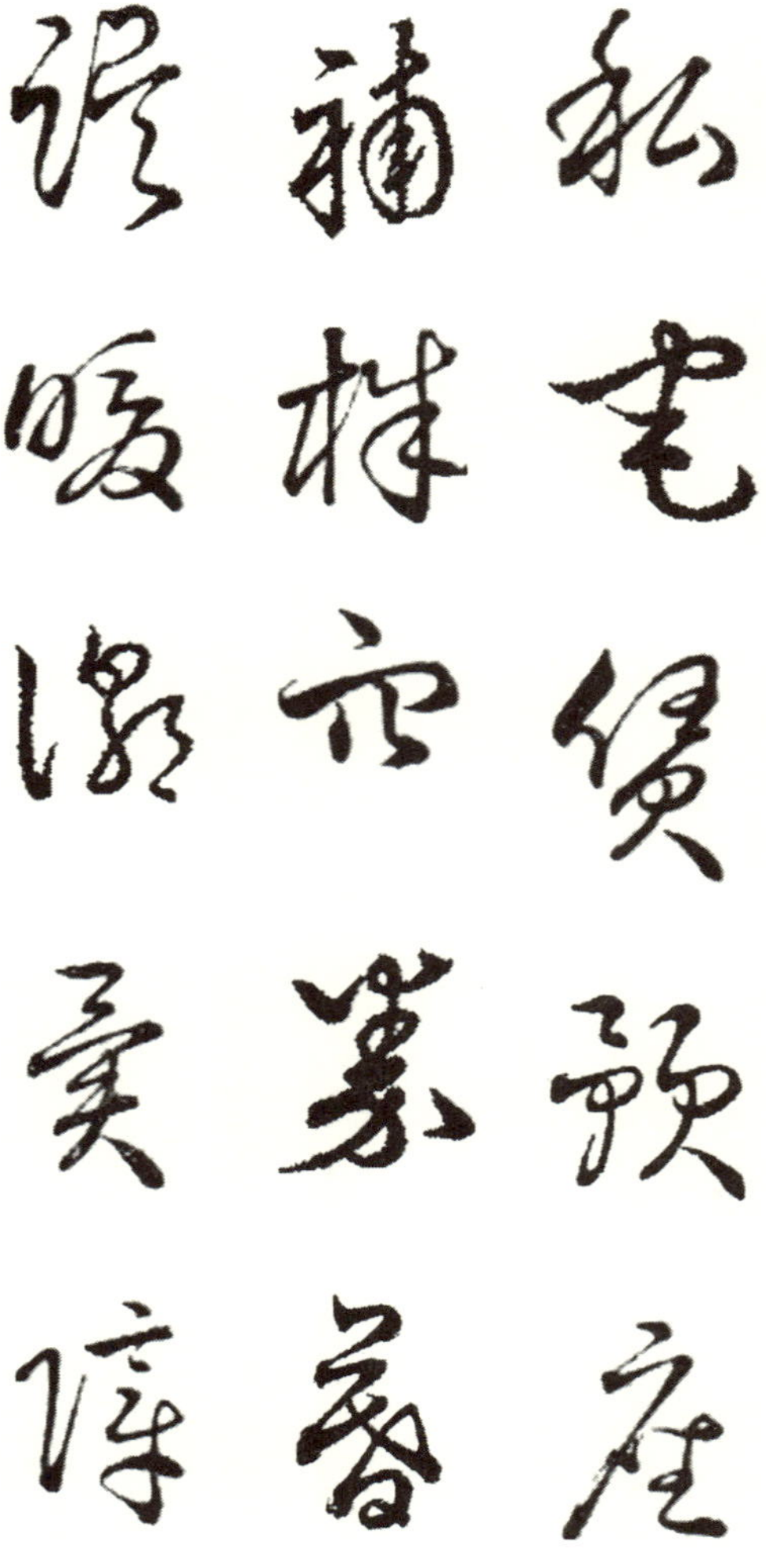

解答と演習

私宅賃預座　補株穴券暮　誤暖潮異障

〈注〉異は已大をくずした異体字

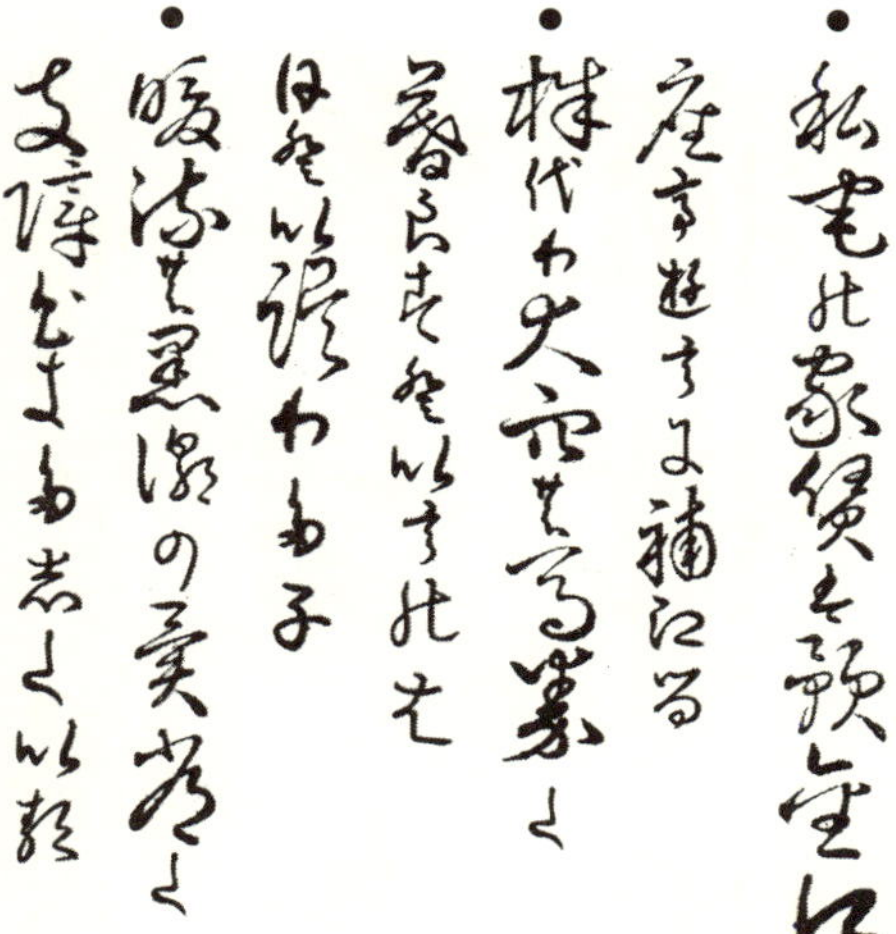

私宅の家賃は預金口
座でゆうに補える
株より大穴の馬券で
暮らすというのは
ひどい誤りだね
暖流の黒潮が異常で
支障をきたしている

小学校六年生で習う漢字⑩

解答と演習

舌寸垂班干

済裁処（處）

〈注〉處は処の旧字

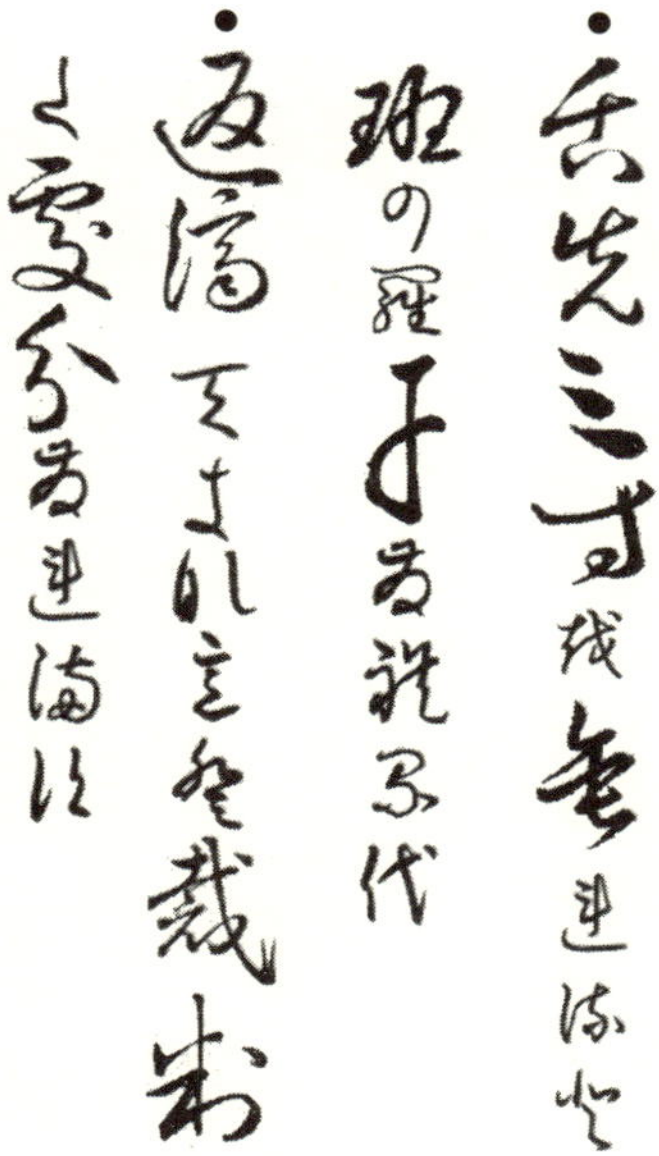

舌先三寸を垂れると
班から干されるよ
返済できないと裁判
で処分されます

Ⅲ 書ければ読める「その他の漢字」

Ⅰ章の「変体仮名」の百二十五字と、Ⅱ章の「教育漢字」の千字に続いて、Ⅲ章は「その他の漢字」です。ここでは古文書解読のために最低限必要と思われる百二十五字の漢字を収録しました。いうまでもなく近世の文章には、現代文にあまり使われない独特の言い回しや表記が多くでてきます。現代文は「教育漢字」でほぼ事足りますが、古文書を解読するには、「教育漢字」のくずし字を覚えただけでは足りません。この章に収録した百二十五字の「古文書頻出漢字」も「書ければ読める」ようにしてください。

教育漢字以外で知っておきたいくずし字　①常用表現

如件　奉頼　被仰　罷越　乍恐　可為　御坐

教育漢字以外で知っておきたいくずし字　②頻出文字

之　此　是　其　彼　懸　遣　賜　請　於　歟　哉　儀　啓　謹　已

教育漢字以外で知っておきたいくずし字　③接続詞・副詞

或　且　及　而　但　唯　猶　尚　即　既　況　更　殊　僅　殆

教育漢字以外で知っておきたいくずし字　④セットで覚える

亦・并　到・致　歳・幾　尉・殿　陣・陳　鋭・悦　兼・謙　炎・煙

教育漢字以外で知っておきたいくずし字　⑤熟語

旨趣　押込　騒敷　賢愚　陰影　僧俗　介添　袖奥

教育漢字以外で知っておきたいくずし字　⑥訓読み動詞

荒れる　祈る　驚く　隠れる　飾る　悔いる　貫く　尋ねる

欺く　逃げる　離れる　迎える　召す　催す　歓ぶ　渡る

教育漢字以外で知っておきたいくずし字　⑦訓読み

皆　頃　朔　跡　暇　盃　墨　凡

鶏　藤　哀れ　依て　普く　互いに　堅い　狭い

教育漢字以外で知っておきたいくずし字　⑧書いて覚える

脚　眠　賤　聴　換　拒　随　獲

華　吉　閑　附　菓　甚　綱　舟

①常用表現

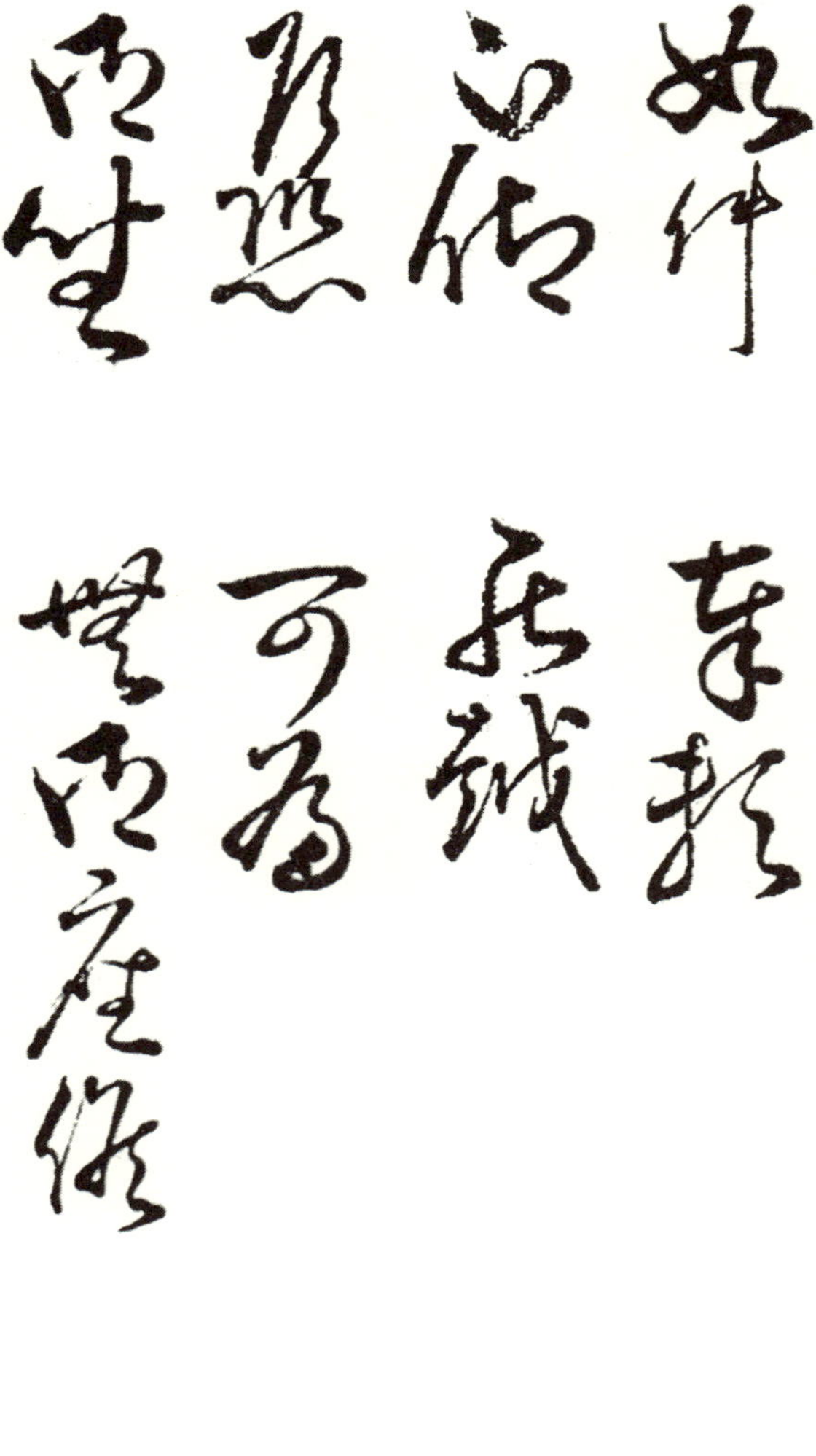

解答解説

如件　奉頼　被仰　罷越

乍恐　可為　御坐　無御座候

（無・座・候は教育漢字）

如レ件《くだんのごとし》

被レ仰《おおせらる》

乍レ恐《おそれながら》

御坐《ござ》

奉レ頼《たのみたてまつる》

罷越《まかりこす》

可レ為《たるべし》

無二御座一候《ござなくそうろう》

教育漢字以外で知っておきたいくずし字 ②頻出文字

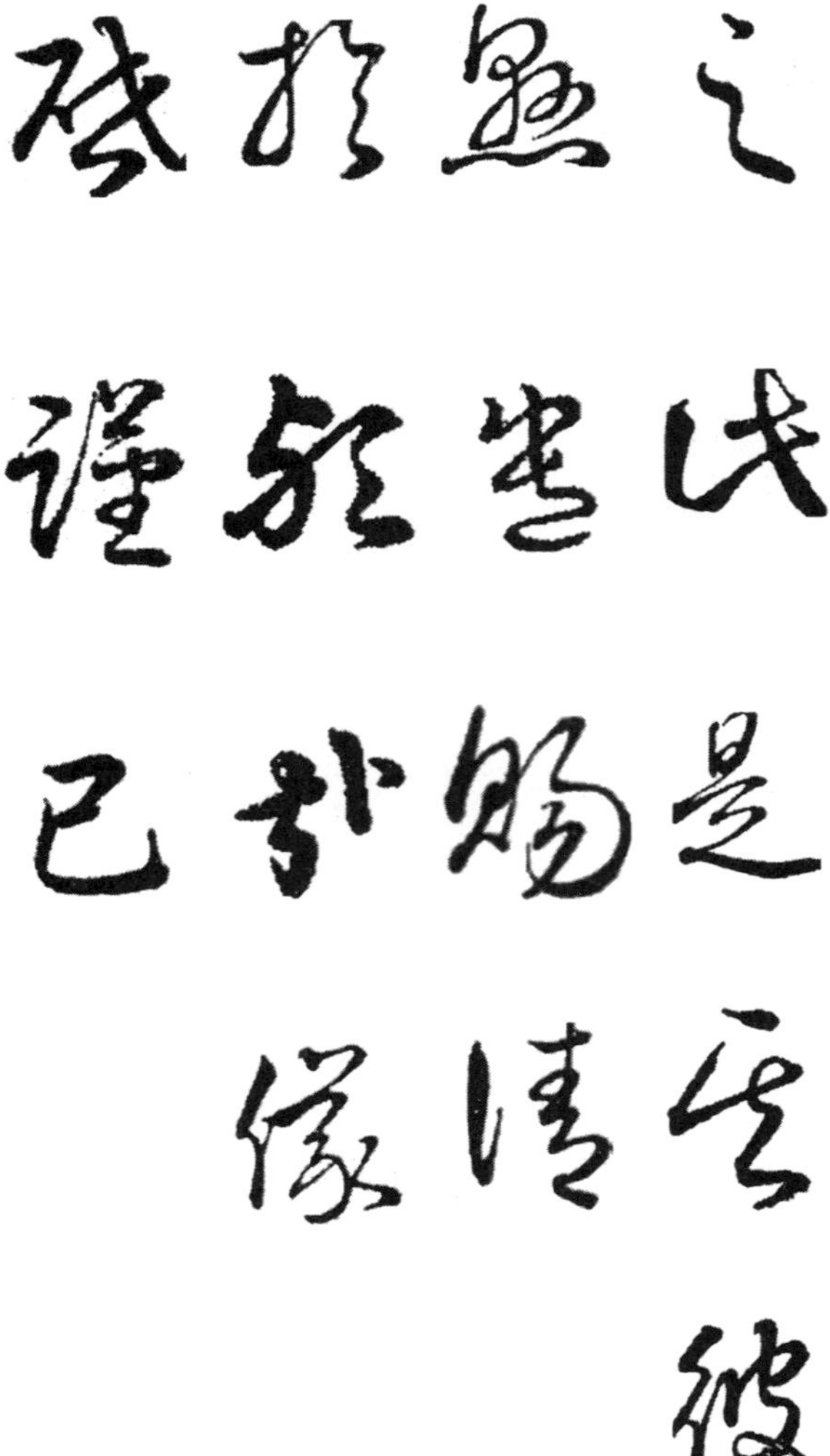

解答解説

之　此　是　其　彼　　懸　遣　賜　請

於　歟（欤）　哉　儀　　啓　謹　已

注　欤は歟の俗字

［指示語］

之

此《これ》

是《これ》

其《それ》

彼《かれ》

［重要動詞］

懸《かける》

遣《つかわす》

賜《たまわる》

請《うける》

［頻出語］

於《おいて》

歟《か》

哉《や》

儀《ぎ》

［書き出し］

一筆啓上

［書き止め］

恐々謹言

已上

教育漢字以外で知っておきたいくずし字

③接続詞・副詞

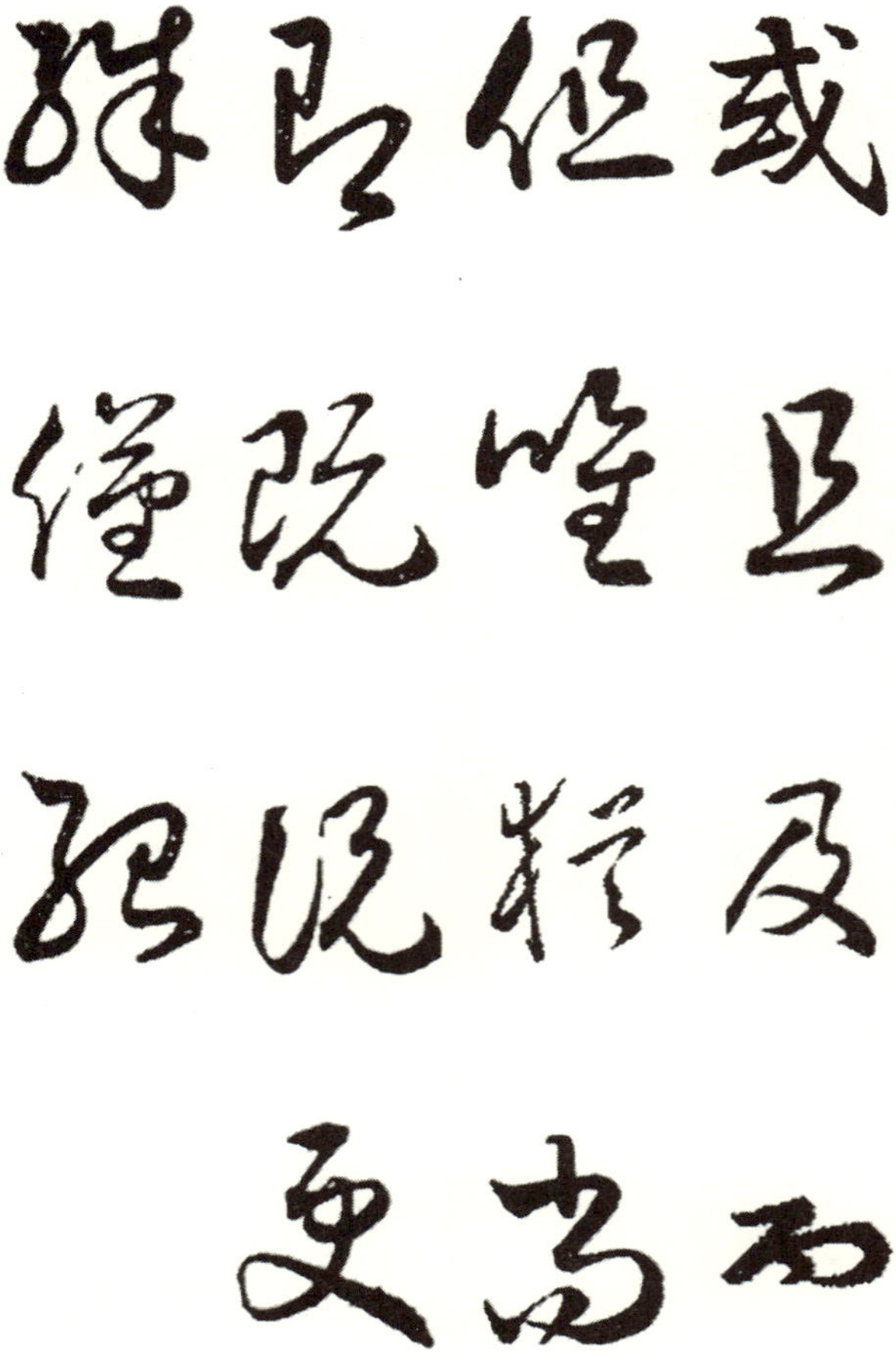

解答解説

或　且　及　而

但　唯　猶　尚

即　既　況　更

殊　僅　殆

或《ある》いは　但《ただ》　即《すなわち》　況《いわんや》　殊《ことに》

＊即座にの意味なら副詞

且《かつ》　唯《ただ》　更《さらに》　僅《わずかに》

及《および》　猶《なお》　殆《ほとんど》

而《しか》して・而《しか》るに　尚《なお》　既《すでに》

④セットで覚える

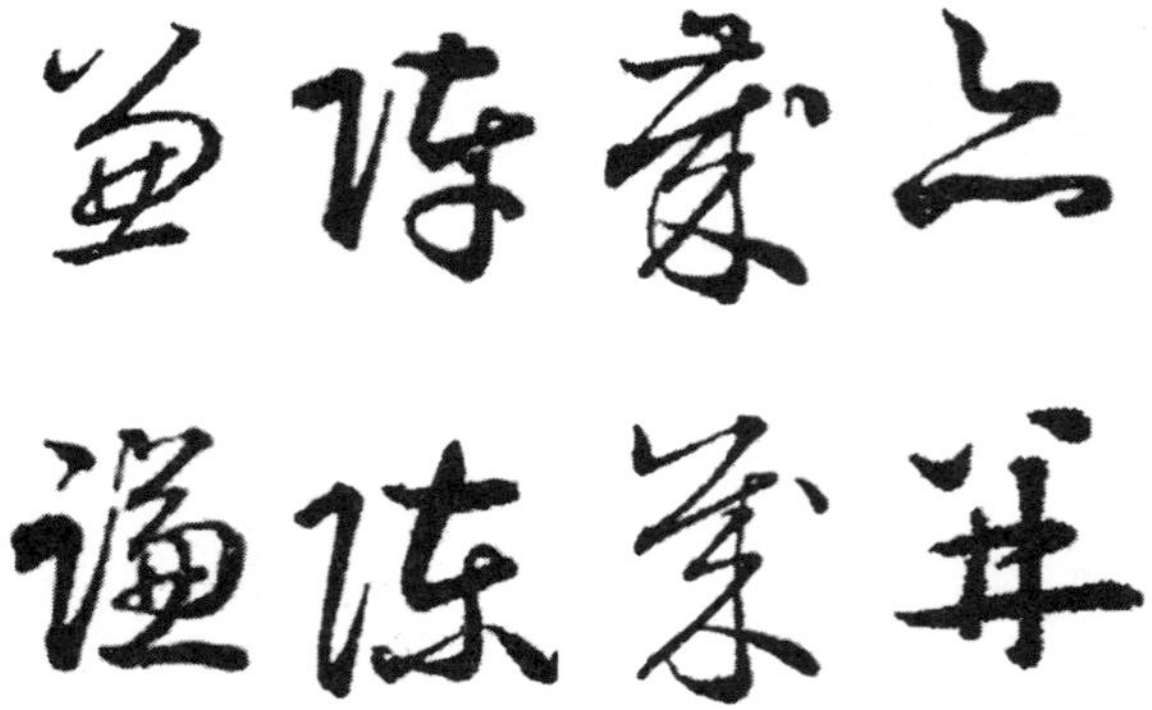

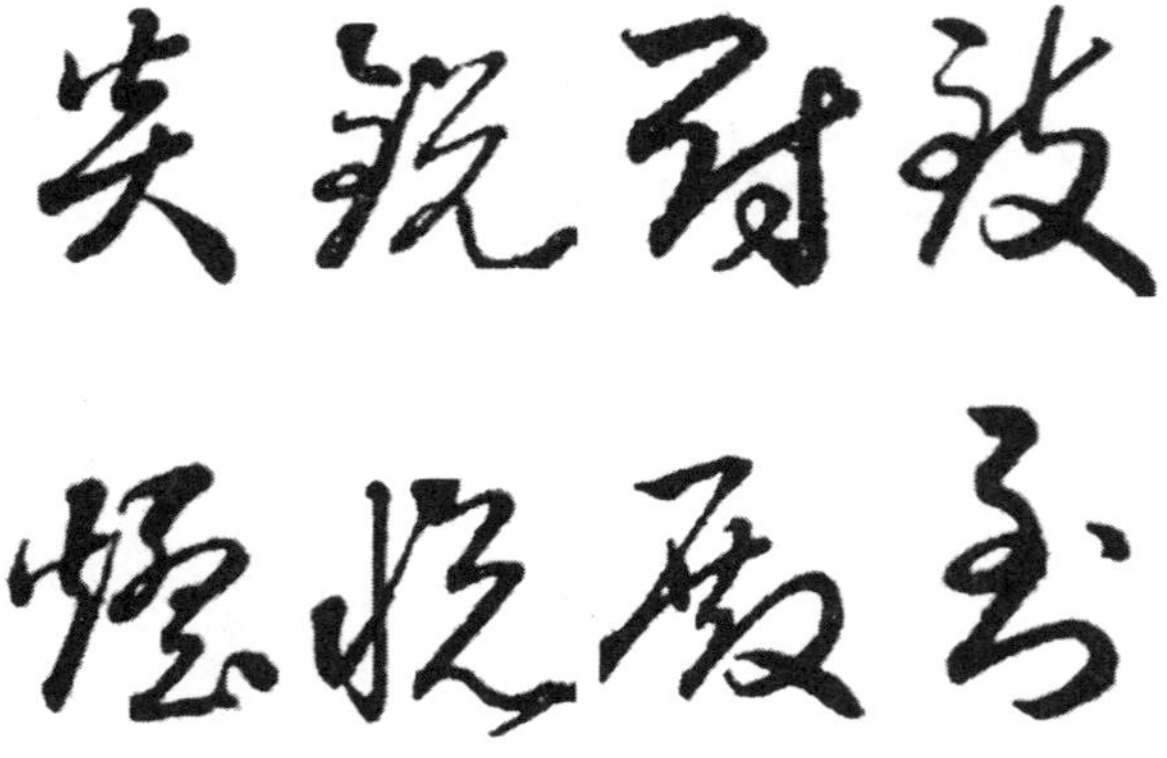

解答解説

亦・幷

陣・陳

致・到

鋭・悦

歳・幾

兼・謙

尉・殿

炎・煙

亦《また》　歳《さい》　陣《じん》　兼《かね》る

幷《ならびに》　幾《いく》　陳《ちん》　謙《けん》

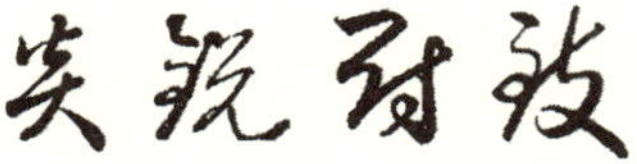

致《いた》す　尉《じょう》　鋭《するど》い　炎《ほのお》

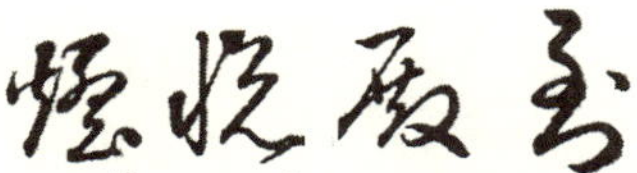

到《いた》る　殿《との》　悦《よろこ》ぶ　煙《けむり》

解答解説

旨趣　押込　騒敷　賢愚

陰影　僧俗　介添　袖奥

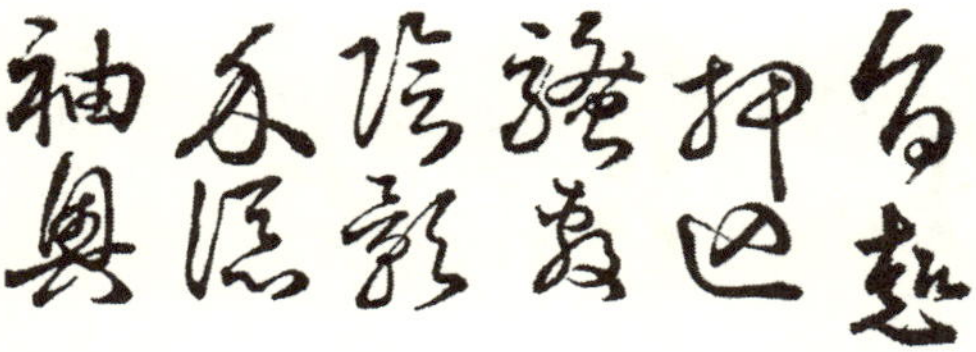

旨趣《しいしゅ》 訓読みで　旨は「むね」　趣は「おもむき」

押込《おしこめ》（自宅監禁・謹慎の罰）

騒敷《さわがしく》

賢愚《けんぐ》

陰影《いんえい》 訓読みで陰も影も「かげ」

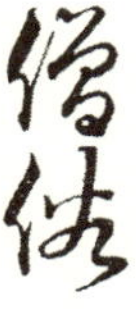

僧俗《そうぞく》

介添《かいぞえ》 介は人名などで「すけ」とも読む

袖奥《そでおく》（紙の右側が袖、左側が奥）

教育漢字以外で知っておきたいくずし字

⑥訓読み動詞

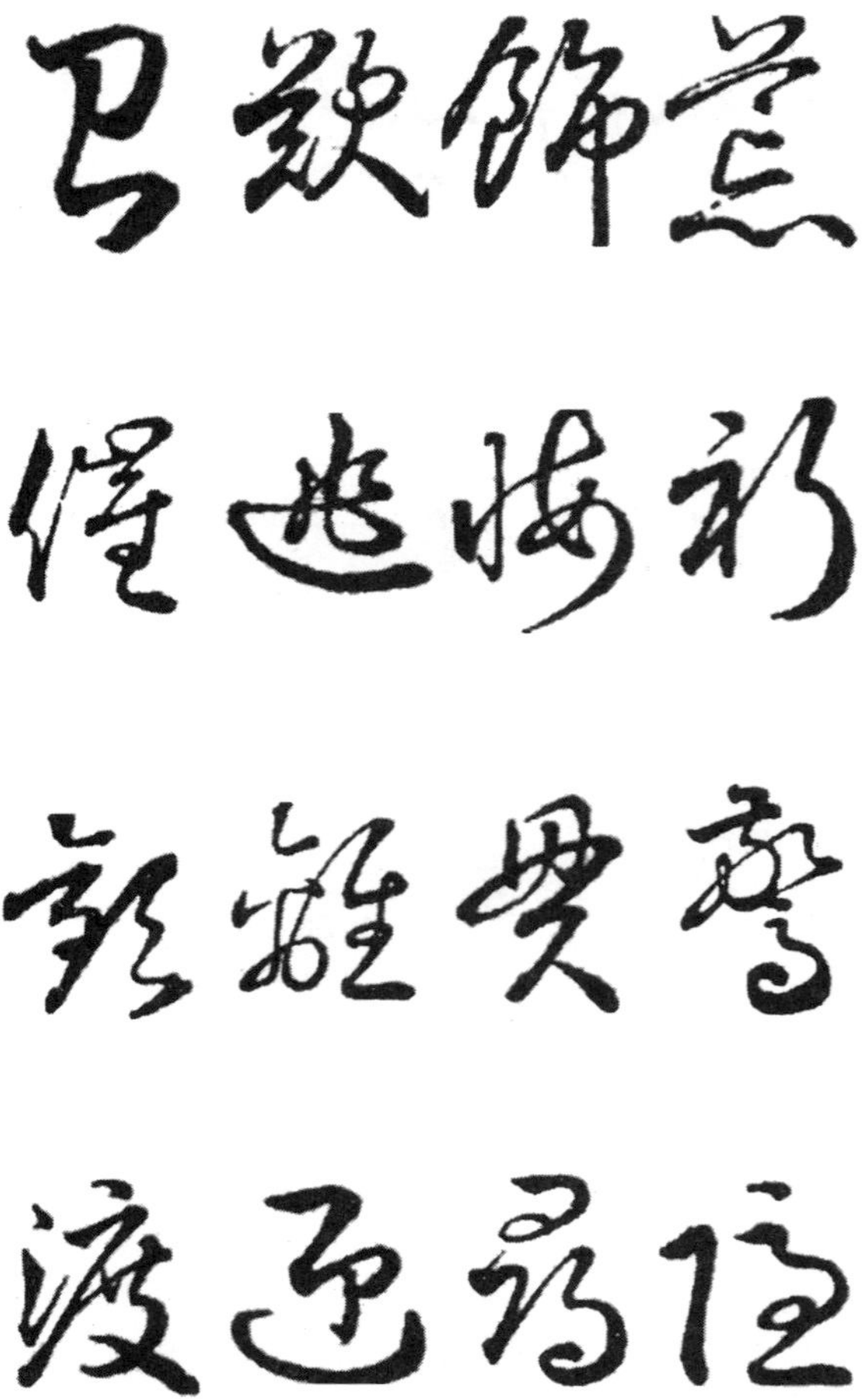

解答解説

荒　祈　驚　隠

歎　逃　離　迎

飾　悔　貫　尋

召　催　歓　渡

荒《あ》れる　飾《かざ》る　歎《なげ》く　召《め》す

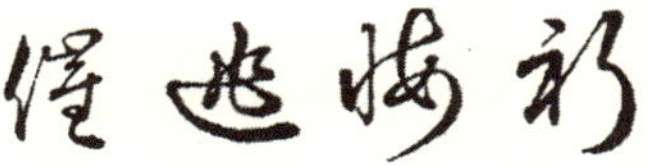

祈《いの》る　悔《く》いる　逃《に》げる　催《もよお》す

驚《おどろ》く　貫《つらぬ》く　離《はな》れる　歓《よろこ》ぶ

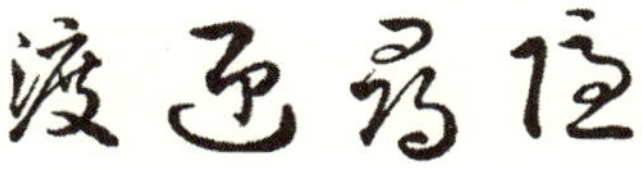

隠《かく》れる　尋《たず》ねる　迎《むか》える　渡《わた》る

近世の送り仮名は多少違うものもある

⑦訓読み

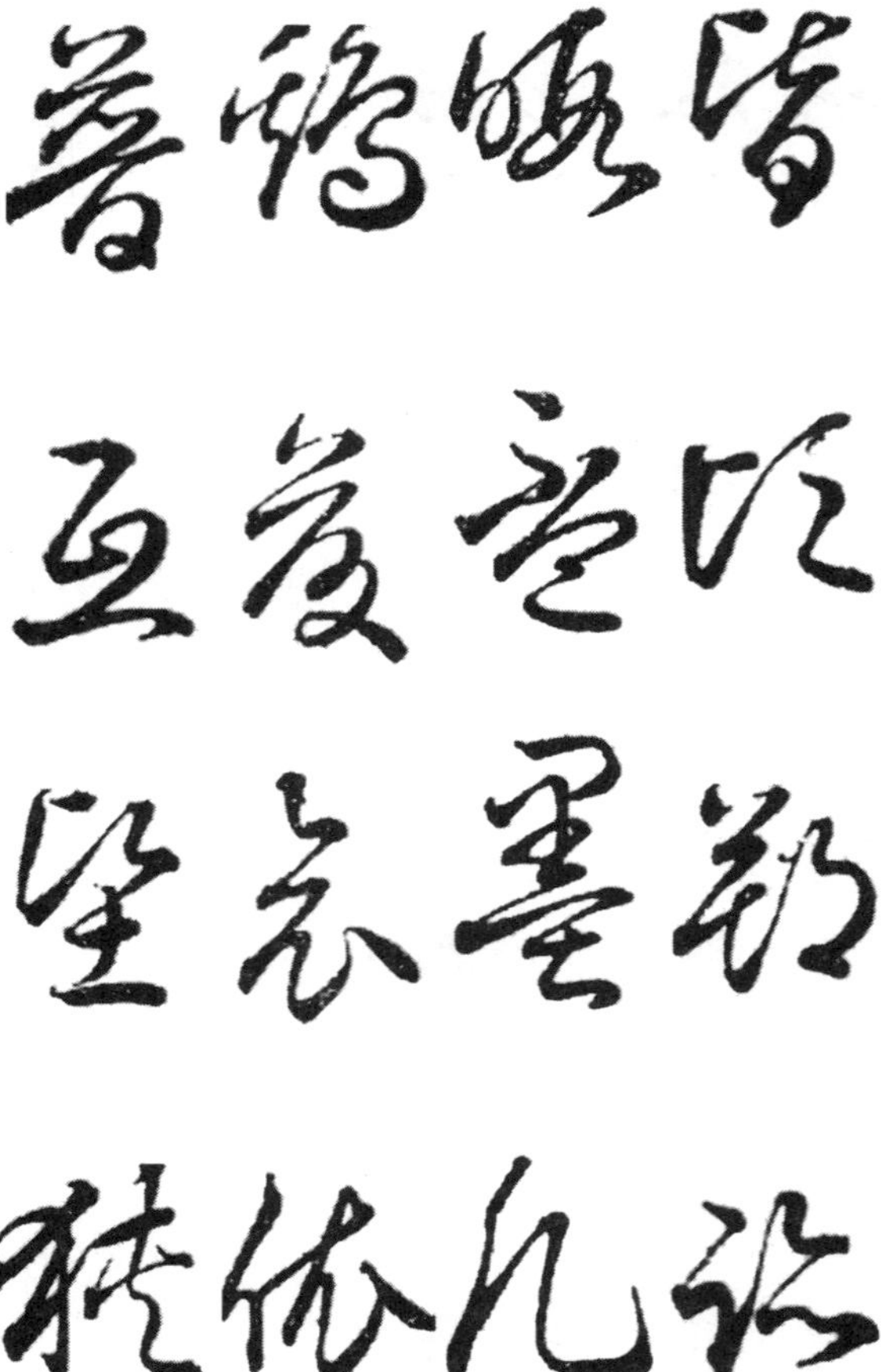

解答解説

皆頃朔跡　暇盃墨凡

鶏藤哀依　普互堅狭

皆《みな》　暇《いとま》　鶏《とり》　普《あまね》く

頃《ころ》　盃《さかずき》　藤《ふじ》　互《たが》いに

朔《ついたち》　墨《すみ》　哀《あわ》れ　堅《かた》い

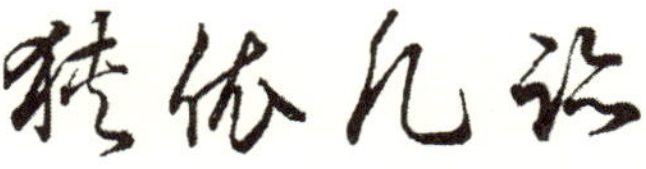

跡《あと》　凡《およそ》　依《よっ》て　狭《せま》い

教育漢字以外で知っておきたいくずし字

⑧書いて覚える

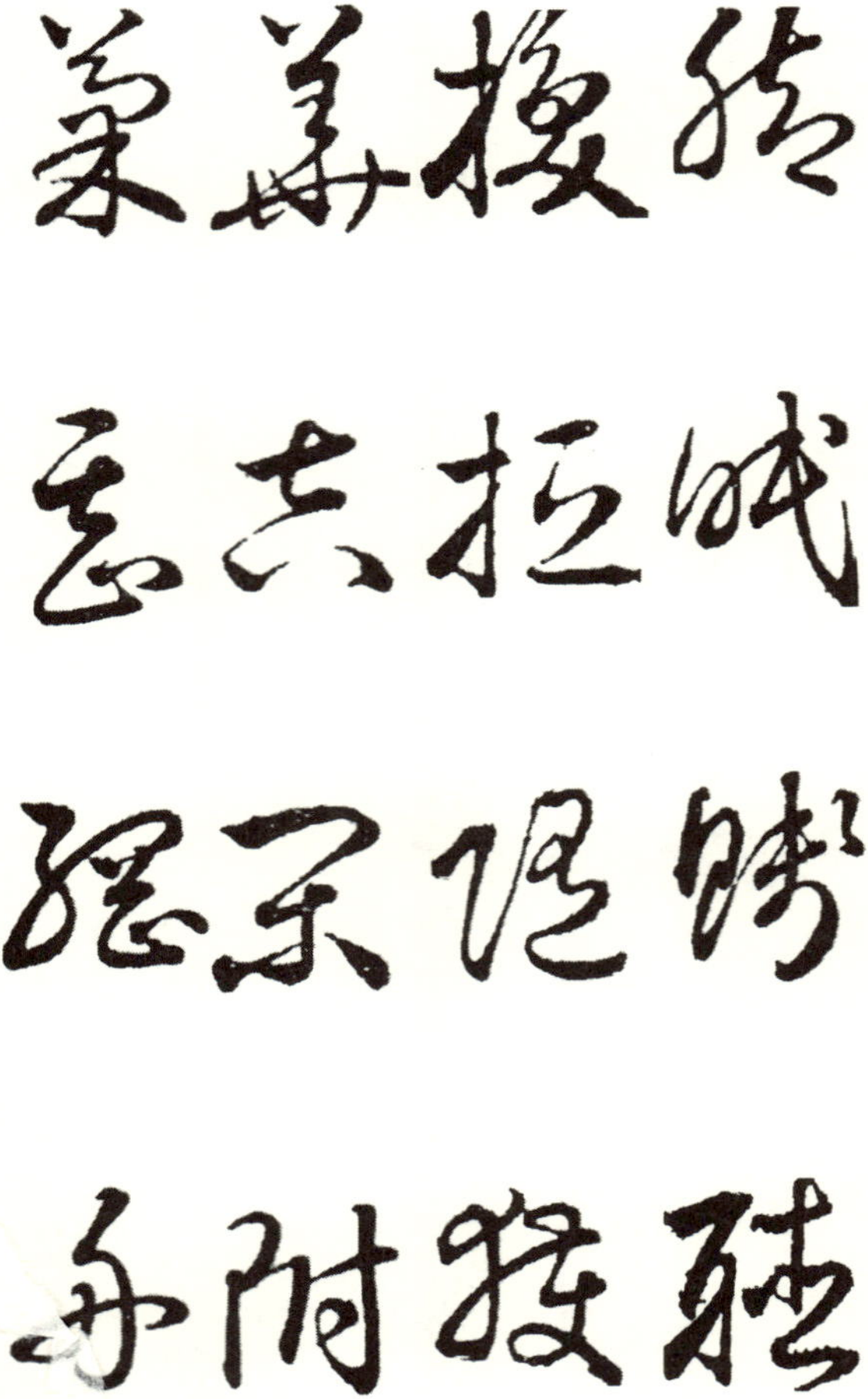

解答解説

脚　華
眠　吉
賤　閑
聴　附

換　菓
拒　甚
随　綱
獲　舟

脚《きゃく》　換《かん》　華《はな》　菓《か》

眠《みん》　拒《きょ》　吉《きち》　甚《はなは》だ

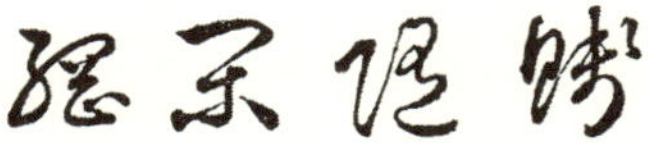

賤《せん》　随《したが》う　閑《かん》　綱《つな》

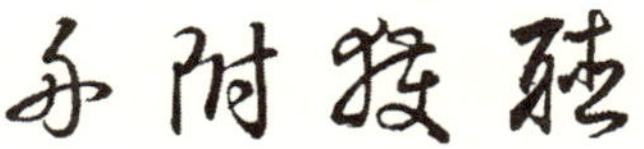

聴《ちょう》　獲《かく》　附《つ》ける　舟《ふね》

補足　**右寄せ小字の表記方法**

「ニ・而・者・茂・与・江」は「右寄せ小字」で書く

江戸時代の文書では、小さく右に寄せて書かれた文字をよく見かけます。そのような場合、解読文を作成したり、くずし字の文章を書いたりする時は、古文書の表記と同じように「右寄せ小字」にしてみてください。「右寄せ小字」になっている文字は、「にてはもとへ」の六字で、すべて助詞です。それぞれ「ニ・而・者・茂・与・江」で、このまま漢字で小さく書くのが原則です。これによって、たとえば「者」は「もの」と読み「者」は「は」と読んで違いがわかるようにしているのです。

〈例〉

二《に》而《て》

次第二而　しだいにて

者《は》而《て》

分者都而　ぶんはすべて

茂《も》

幾年茂利倍　いくねんもりばい

与《と》

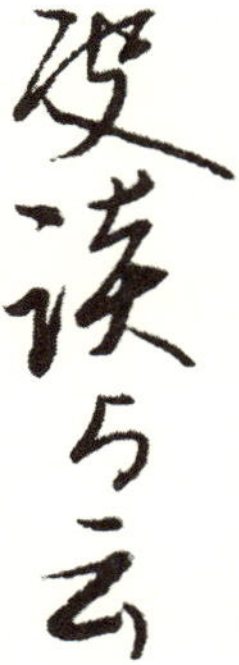

決談与云　けつだんといい

江《へ》

公義江御願　こうぎへおねがい

【索引】

あ行

あ 阿……15
あい 相……71
あいだ 間……61
あう 会……65
あう 合……61
あお 青……43
あか 赤……43
あかるい 明……59
あき 秋……57
あきない 商……77
あげる 挙……93
あさ 朝……65
あさい 浅……103
あし 脚……173
あし 足……45
あじ 味……81
あずける 預……151
あそぶ 遊……29・71
あだ 徒……21・105
あたい 価……127
あたえる 与……29・135
あたたかい 温……85
あたたかい 暖……151
あたま 頭……55
あたらしい 新……51
あたり 辺……101
あたる 当……55
あつい 厚……121
あつい 暑……69
あつい 熱……95
あつめる 集……85
あと 跡……171
あな 穴……151
あに 兄……65
あね 姉……65
あばれる 暴……119
あびる 浴……105
あぶない 危……141
あぶら 油……83
あま 天……21・47
あまねく 普……171
あまり 余……117
あむ 編……121
あめ 雨……45
あやつる 操……141
あやまり 誤……151
あやまる 謝……117
あらう 洗……147
あらかじめ 予……87
あらず 非……115
あらそう 争……107
あらためる 改……91
あらわす 著……145
あらわれる 現……123
ある 在……125
ある 有……79
あるいは 或……163
あるく 歩……55
あるじ 主……69
あれる 荒……169
あわれ 哀……171
アイ 哀……171
アイ 愛……15・91
アク 悪……77
アツ 圧……127
アン 安……15・85
アン 暗……73
アン 案……97
い 井……33・103
いう 言……61
いえ 家……51
いかす 活……63
いき 息……75
いきおい 勢……19・115
いきる 生……43
いく 幾……17・165
いく 行……51
いくさ 軍……99

いけ　池……53
いさぎよい　潔……119
いさましい　勇……101
いし　石……47
いずみ　泉……137
いそぐ　急……77
いた　板……71
いたい　痛……149
いたす　致……165
いただき　頂……149
いたる　至……141
いたる　到……165
いたわる　労……107
いち　市……51
いと　糸……47
いとなむ　営……117
いとま　暇……171
いな　否……135
いぬ　犬……45
いのち　命……69
いのる　祈……169
いま　今……53
いもうと　妹……65
いる　居……131
いる　射……137
いろ　色……57
いわ　岩……53
いわう　祝……105
いわんや　況……163
イ　以……15・95
イ　位……101
イ　依……171
イ　囲……131
イ　委……73
イ　意……15・83
イ　易……117
イ　為……33・159
イ　異……151
イ　移……121
イ　胃……149
イ　衣……15・93
イ　遺……145
イ　医……77
イ　已……161
イキ　域……141
イク　育……73
イチ　一……41
イン　印……99
イン　員……73
イン　因……113
イン　引……59
イン　飲……81
イン　院……75
イン　陰……167
イン　隠……169
うえ　上……41
うえる　植……77
うけたまわる　承……135
うける　受……73
うごく　動……71
うし　牛……61
うじ　氏……103
うしなう　失……103
うた　歌……63
うたがう　疑……135
うつ　打……69
うつ　討……137
うつくしい　美……27・81
うつす　移……121
うつす　映……139
うつす　写……87
うつわ　器……91
うま　午……51
うま　馬……61
うみ　海……51
うむ　産……93
うめ　梅……103
うやまう　敬……143
うら　裏……135

うる 売……61
うれる 熟……147
ウ 右……41
ウ 宇……15・141
ウ 羽……55
ウ 雨……45
ウン 運……79
ウン 雲……65
え 江……15
え 画……63
えだ 枝……129
えらぶ 選……93
える 得……115
エ 絵……63
エイ 営……117
エイ 影……167
エイ 映……139
エイ 栄……105
エイ 永……129
エイ 泳……85

エイ 英……101
エイ 衛……33・125
エイ 鋭……165
エキ 液……123
エキ 益……117
エキ 駅……73
エツ 悦……165
エツ 越……33・159
エン 円……47
エン 園……53
エン 延……149
エン 沿……145
エン 演……125
エン 炎……165
エン 煙……165
エン 遠……33・63
エン 塩……103
おいて 於……15・161
おいる 老……97
おう 追……87

おおい 多……21・63
おおきい 大……45
おおせ 仰……159
おおやけ 公……53
おか 岡……101
おかす 犯……119
おがむ 拝……143
おぎなう 補……151
おく 奥……167
おく 置……105
おくる 送……87
おこす 興……113
おこす 発……75
おこる 起……17・75
おこる 怒……23
おさない 幼……143
おさめる 治……95
おさめる 収……137
おさめる 修……119
おさめる 納……139

おしえる 教……59
おしえる 訓……99
おす 押……167
おす 推……135
おそれ 恐……159
おちる 落……79
おっと 夫……97
おと 音……47
おとうと 弟……65
おとこ 男……45
おどろく 驚……169
おなじ 同……59
おのおの 各……99
おのれ 己……17・145
おび 帯……95
おぼえる 覚……91
おもい 重……83
おもう 思……51
おもう 想……75
おもう 念……97

おもて　表……83
おもて　面……83
おもむき　趣……167
おや　親……63
およぐ　泳……85
およそ　凡……171
およぶ　及……163
おる　織……117
おる　折……101
おろか　愚……167
おわる　終……79
おん　御……159
おんな　女……27・45
オウ　央……79
オウ　奥……167
オウ　往……131
オウ　応……123
オウ　横……73
オウ　王……33・47
オウ　桜……129
オク　億……93
オク　屋……29・85
オン　恩……145
オン　温……85
オン　音……47

か行

か　歟……161
かいこ　蚕……137
かう　飼……129
かう　買……61
かえす　返……81
かえる　換……173
かえる　帰……65
かお　顔……55
かおり　香……105
かがみ　鏡……101
かかり　係……75
かかる　懸……161
かぎる　限……123
かく　書……57
かくれる　隠……169
かげ　陰……167
かげ　影……167
かける　欠……107
かこむ　囲……131
かざる　飾……169
かしこい　賢……167
かず　数……19・53
かす　貸……123
かぜ　風……65
かた　型……125
かた　片……147
かた　方……63
かたい　堅……171
かたち　形……53
かたな　刀……55
かためる　固……105
かたる　語……61
かつ　且……163
かつ　勝……77
かど　門……59
かなしい　悲……73
かなでる　奏……145
かなめ　要……97
かならず　必……97
かね　金……43
かねる　兼……165
かぶ　株……151
かまえる　構……127
かみ　紙……57
かみ　神……81
かり　仮……131
かりる　借……93
かるい　軽……83
かれ　彼……161
かわ　革……145
かわ　川……21・45
かわ　河……125

かわ 皮……87
がわ 側……105
かわる 代……29・87
かわる 変……107
かんがえる 考……55
カ 下……41
カ 化……79
カ 仮……131
カ 何……57
カ 価……127
カ 加……17・97
カ 可……17・129・159
カ 夏……57
カ 家……51
カ 科……59
カ 暇……171
カ 果……97
カ 歌……63
カ 河……125
カ 火……43

カ 花……43
カ 荷……73
カ 華……173
カ 課……101
カ 貨……99
カ 過……119
ガ 我……143
ガ 画……63
ガ 賀……105
カ 香……105
カ 彼……161
カイ 介……17・167
カイ 会……65
カイ 解……113
カイ 回……57
カイ 快……129
カイ 悔……169
カイ 改……91
カイ 械……93
カイ 海……51

カイ 灰……149
カイ 界……71
カイ 皆……171
カイ 開……73
カイ 階……85
カイ 貝……47
ガイ 外……51
ガイ 害……109
ガイ 街……109
カク 各……99
カク 拡……141
カク 格……115
カク 獲……173
カク 確……115
カク 覚……91
カク 角……51
カク 閣……135
カク 革……145
ガク 学……41
ガク 楽……53

ガク 額……123
カツ 割……141
カツ 活……63
カン 菓……173
ガン 芽……95
カン 寒……69
カン 刊……121
カン 巻……145
カン 完……93
カン 官……99
カン 干……153
カン 幹……127
カン 感……77
カン 慣……113
カン 換……173
カン 歓……169
カン 漢……81
カン 看……149
カン 管……101
カン 箇……149

カン　観……95
カン　貫……169
カン　間……61
カン　閑……17・173
カン　関……99
カン　館……87
ガン　丸……53
ガン　岸……69
ガン　眼……125
ガン　岩……53
ガン　顔……55
ガン　願……109
き　黄……57
き　木……43
きく　効……113
きく　聴……173
きく　聞……63
きし　岸……69
きず　傷……147
きずく　築……127

きそう　競……101
きた　北……57
きぬ　絹……137
きびしい　厳……139
きみ　君……69
きめる　決……83
きよい　清……105
きる　切……51
きる　着……81
きわ　際……127
きわめる　究……79
きわめる　極……103
キ　危……141
キ　喜……119
キ　器……91
キ　基……127
キ　寄……131
キ　希……17・103
キ　幾……17・165
キ　揮……137

キ　机……139
キ　旗……99
キ　期……79
キ　機……93
キ　帰……65
キ　気……17・47
キ　汽……65
キ　祈……169
キ　季……95
キ　紀……121
キ　規……123
キ　記……53
キ　貴……139
キ　起……17・75
ギ　儀……161
ギ　技……113
ギ　疑……135
ギ　義……131
ギ　議……97
キチ　吉……173

キャク　客……87
キャク　脚……173
ギャク　逆……119
キュウ　久……17・129
キュウ　休……43
キュウ　及……163
キュウ　吸……143
キュウ　宮……81
キュウ　弓……55
キュウ　急……77
キュウ　救……115
キュウ　求……101
キュウ　泣……91
キュウ　球……69
キュウ　究……79
キュウ　級……85
キュウ　給……91
キュウ　旧……125
ギュウ　牛……61
キュウ　九……41

キョ　居……131
キョ　拒……173
キョ　挙……93
キョ　許……115
ギョ　漁……95
ギョ　魚……51
キョウ　去……83
キョウ　京……65
キョウ　供……139
キョウ　競……101
キョウ　共……103
キョウ　協……97
キョウ　境……119
キョウ　強……63
キョウ　恐……159
キョウ　教……59
キョウ　橋……73
キョウ　況……163
キョウ　狭……171
キョウ　胸……147
キョウ　郷……137
キョウ　鏡……101
キョウ　驚……169
ギョウ　仰……159
ギョウ　業……77
キョク　局……75
キョク　曲……73
キョク　極……103
ギョク　玉……47
キン　僅……163
キン　勤……149
キン　均……113
キン　禁……115
キン　筋……147
キン　謹……161
キン　近……53
キン　金……43
ギン　銀……87
くいる　悔……169
くさ　草……43
くすり　薬……75
くだ　管……101
くだん　件……115・159
くち　口……45
くに　国……59
くばる　配……71
くび　首……55
くみ　組……59
くも　雲……65
くら　蔵……139
くら　倉……103
くらい　暗……73
くらい　位……101
くらす　暮……151
くらべる　比……25・123
くる　来……51
くるしい　苦……75
くるま　車……47
くろ　黒……57
くわえる　加……17・97
くわしい　委……73
ク　句……115
ク　区……79
ク　苦……75
グ　具……17・85
グ　愚……167
クウ　空……47
クン　君……69
クン　訓……99
グン　群……101
グン　軍……99
グン　郡……99
け　毛……27・55
けす　消……83
けむり　煙……165
けわしい　険……123
ケイ　恵……33
ケイ　係……75
ケイ　兄……65
ケイ　啓……161

ケイ　型……125
ケイ　形……53
ケイ　径……101
ケイ　敬……143
ケイ　景……107
ケイ　系……149
ケイ　経……127
ケイ　計……17・61
ケイ　警……147
ケイ　鶏……171
ゲイ　芸……91
ゲイ　迎……169
ゲキ　劇……139
ゲキ　激……149
ケツ　欠……107
ケツ　決……83
ケツ　潔……119
ケツ　穴……151
ケツ　結……97
ケツ　血……75

ゲツ　月……43
ケン　件……115・159
ケン　健……103
ケン　兼……165
ケン　券……151
ケン　堅……171
ケン　建……107
ケン　憲……139
ケン　検……121
ケン　権……135
ケン　犬……45
ケン　研……79
ケン　絹……137
ケン　県……79
ケン　見……27・47
ケン　謙……165
ケン　賢……167
ケン　遣……17・161
ケン　険……123
ケン　験……107

ゲン　元……53
ゲン　原……65
ゲン　厳……139
ゲン　減……119
ゲン　源……137
ゲン　現……123
ゲン　言……61
ゲン　限……123
こ　子……23・45
こう　請……161
こえ　越……33・159
こえ　声……63
こえる　肥……113
こおり　郡……99
こおり　氷……81
こころ　意……15・83
こころ　心……63
こころざす　志……19・119
こころみる　試……107

こころよい　快……129
こたえる　答……59
こと　事……73
ごと　毎……53
ごとし　如……159
ことなる　異……151
ことに　殊……163
ことば　詞……137
ことわる　断……115
こな　粉……113
この　此……161
こばむ　拒……173
こまる　困……143
こめ　米……61
こめる　込……167
これ　是……161
これ　之……19・161
ころ　頃……171
ころす　殺……119
ころぶ　転……83

ころも 衣……15・93
コ 個……123
コ 古……17・53
コ 呼……143
コ 固……105
コ 己……17・145
コ 庫……79
コ 戸……59
コ 故……121
コ 湖……85
ゴ 五……41
ゴ 互……171
ゴ 午……51
ゴ 後……51
ゴ 御……159
ゴ 語……61
ゴ 誤……151
ゴ 護……125
ゴ 其……161
コウ 黄……57
コウ 興……113
コウ 交……59
コウ 候……91・159
コウ 光……59
コウ 公……53
コウ 功……91
コウ 効……113
コウ 厚……121
コウ 口……45
コウ 向……75
コウ 后……141
コウ 好……103
コウ 孝……145
コウ 工……55
コウ 幸……83
コウ 広……51
コウ 康……103
コウ 更……163
コウ 校……41
コウ 構……127
コウ 港……83
コウ 皇……141
コウ 紅……143
コウ 耕……113
コウ 考……55
コウ 航……119
コウ 荒……169
コウ 行……51
コウ 講……125
コウ 鉱……129
コウ 降……149
コウ 高……63
ゴウ 号……85
ゴウ 合……61
コク 刻……145
コク 告……127
コク 国……59
コク 穀……141
コク 黒……57
コク 谷……65
コツ 骨……147
コン 今……53
コン 困……143
コン 根……87
コン 混……119

さ行

さいわい 幸……83
さか 坂……77
さかい 境……119
さかえる 栄……105
さかさ 逆……119
さかずき 盃……171
さかな 魚……51
さかん 盛……147
さき 先……43
さくら 桜……129
さぐる 探……145
さけ 酒……81

ささえる　支……17・119
さずける　授……127
さだめる　定……87
さと　里……31・55
さま　様……75
さむい　寒……69
さら　皿……81
さらに　更……163
さる　去……83
さわぐ　騒……167
さわる　障……151
サ　差……95
サ　査……121
サ　砂……147
ザ　坐……159
ザ　座……151・159
サイ　再……121
サイ　最……93
サイ　妻……129
サイ　才……63

サイ　採……123
サイ　歳……165
ザイ　済……153
サイ　災……125
サイ　祭……81
サイ　細……63
サイ　菜……95
サイ　裁……153
サイ　際……127
ザイ　在……125
ザイ　材……91
ザイ　罪……117
ザイ　財……127
ザイ　住……83
サク　作……55
サク　昨……105
サク　朔……171
サク　策……135
サツ　左……19・41
サツ　冊……137

サツ　刷……99
サツ　察……95
サツ　札……93
サツ　殺……119
ザツ　雑……121
サン　三……27・41
サン　参……107
サン　山……45
サン　散……19・93
サン　産……93
サン　算……61
サン　蚕……137
サン　賛……129
サン　酸……113
ザン　残……95
しお　塩……103
しお　潮……151
しかして　而……163
しかるに　然……103
しく　敷……167

しげる　茂……27・175
しずか　静……109
した　下……41
した　舌……153
したがう　従……141
したがう　順……101
したがう　随……173
しな　品……71
しぬ　死……79
しま　島……81
しむ　令……99
しめす　示……127
しらべる　調……71
しりぞく　退……149
しる　知……21・59
しるし　印……99
しるし　験……107
しるし　識……115
しるし　標……107
しるす　記……53

しるす 注……83
しろ 白……43
しんじる 信……97
シ 仕……73
シ 使……69
シ 司……107
シ 史……119
シ 四……41
シ 士……125
シ 始……69
シ 姉……65
シ 姿……143
シ 子……23・45
シ 市……51
シ 師……129
シ 志……19・119
シ 思……51
シ 指……79
シ 支……17・119
シ 旨……167

シ 枝……129
シ 止……21・53
シ 死……79
シ 氏……103
シ 私……151
シ 糸……47
シ 紙……57
シ 至……141
シ 視……147
シ 詞……137
シ 詩……81
シ 試……107
シ 誌……137
シ 資……127
シ 飼……129
シ 歯……75
ジ 事……73
ジ 似……129
ジ 児……97
ジ 字……41

ジ 寺……53
ジ 持……87
ジ 時……61
ジ 次……83
ジ 治……95
シ 示……127
ジ 耳……23・45
ジ 自……59
ジ 辞……105
ジ 地……51
シ 之……19・161
シ 矢……55
シキ 式……69
シキハ 識……115
シチ 七……41
シツ 失……103
シツ 室……57
シツ 質……113
ジツ 実……87
シャ 舎……131

シャ 写……87
シャ 射……137
シャ 捨……141
シャ 社……53
シャ 者……25・77
シャ 謝……117
シャ 車……47
シャク 借……93
シャク 尺……145
ジャク 若……149
ジャク 弱……63
シャク 昔……69
シュ 主……69
シュ 取……73
シュ 守……69
シュ 手……45
シュ 殊……163
シュ 種……95
シュ 趣……167
シュ 酒……81

シュ　首……55
ジュ　寿……19
ジュ　受……73
ジュ　授……127
ジュ　樹……147
シュウ　収……137
シュウ　周……101
シュウ　宗……145
シュウ　就……141
シュウ　州……75
シュウ　修……119
シュウ　拾……85
シュウ　秋……57
シュウ　終……79
シュウ　習……69
シュウ　衆……137
シュウ　週……51
シュウ　集……85
ジュウ　十……41
ジュウ　従……141
ジュウ　縦……139
ジュウ　重……83
シュク　祝……105
シュク　縮……149
ジュク　熟……147
シュツ　出……43
ジュツ　術……113
ジュツ　述……125
シュン　春……19・57
ジュン　準……129
ジュン　純……143
ジュン　順……101
ショ　此……161
ショ　処……153
ショ　初……91
ショ　署……139
ショ　書……57
ショ　諸……137
ジョ　助……69
ジョ　女……27・45
ジョ　序……127
ジョ　除……141
ジョウ　尉……165
ショウ　傷……147
ショウ　勝……77
ショウ　商……77
ショウ　唱……105
ショウ　将……137
ショウ　小……41
ショウ　少……61
ショウ　承……135
ショウ　招……125
ショウ　昭……71
ショウ　松……107
ショウ　消……83
ショウ　焼……107
ショウ　照……99
ショウ　省……99
ショウ　章……79
ショウ　笑……91
ショウ　証……115
ショウ　象……123
ショウ　賞……127
ショウ　障……151
ジョウ　上……41
ジョウ　乗……87
ジョウ　城……103
ジョウ　場……51
ジョウ　常……115
ジョウ　情……125
ジョウ　条……115
ジョウ　状……127
ジョウ　蒸……147
ジョウ　成……91
ショク　宿……85
ショク　所……85
ショク　暑……69
ショク　飾……169
ショク　植……77
ショク　織……117

ショク　職……119
ショク　色……57
ショク　食……61
シン　信……97
シン　心……63
シン　新……51
シン　森……45
シン　深……79
シン　申……75
シン　真……87
シン　神……81
シン　臣……95
シン　親……63
シン　身……27・77
シン　進……73
シン　針……147
ジン　仁……23・145
ジン　尋……169
ジン　甚……173
ジン　陣……165

すう　吸……143
すえ　末……27・105
すがた　姿……143
すき　好……103
すぎる　過……119
すくう　救……115
すくない　少……61
すけ　介……17・167
すじ　筋……147
すすむ　進……73
すでに　既……163
すでに　已……161
すてる　捨……141
すな　砂……147
すなわち　則……123
すなわち　即……163
すべて　総……115
すみ　炭……85
すみ　墨……171
すむ　済……153

すむ　住……83
する　刷……99
するどい　鋭……165
すわる　座……151・159
ス　須……19
ス　巣……107
ズ　図……53
スイ　垂……153
スイ　水……43
ズイ　随……173
スイ　推……135
スウ　数……19・53
スン　寸……19・153
せ　背……147
せき　関……99
ぜに　銭……135
せまい　狭……171
せめる　責……117
セ　世……19・71
セイ　井……33・103

セイ　制……123
セイ　勢……19・115
セイ　性……121
セイ　政……119
セイ　整……83
セイ　星……61
セイ　晴……65
セイ　正……47
セイ　清……105
セイ　生……43
セイ　盛……147
セイ　精……129
セイ　聖……143
セイ　声……63
セイ　製……129
セイ　西……57
セイ　誠……143
セイ　請……161
セイ　青……43
セイ　静……109

ゼイ 税……127
セキ 席……105
セキ 石……47
セキ 積……97
セキ 績……117
セキ 責……117
セキ 赤……43
セキ 跡……171
セツ 切……51
セツ 接……123
セツ 折……101
セツ 設……123
セツ 節……95
セツ 説……99
セツ 雪……65
ゼツ 絶……117
ゼツ 舌……153
ゼン 是……161
セン 先……43
セン 千……41
セン 宣……145
セン 専……141
セン 川……21・45
セン 戦……103
セン 泉……137
セン 浅……103
セン 洗……147
セン 染……141
セン 線……59
セン 船……51
セン 選……93
セン 銭……135
ゼン 前……55
ゼン 善……145
ゼン 然……103
ゼン 全……85
セン 賤……173
そう 沿……145
そうろう 候……91・159
そえる 添……167
そこ 底……99
そだてる 育……73
そで 袖……167
そと 外……51
そなえる 供……139
そなえる 備……129
そなわる 具……17・85
その 園……53
そめる 染……141
そら 空……47
そる 反……75
それ 其……161
ソ 曽……19
ソ 楚……19
ソ 祖……113
ソ 素……113
ソ 組……59
ソウ 僧……167
ソウ 創……135
ソウ 倉……103
ソウ 奏……145
ソウ 層……137
ソウ 想……75
ソウ 操……141
ソウ 早……43
ソウ 争……107
ソウ 相……71
ソウ 窓……139
ソウ 総……115
ソウ 草……43
ソウ 装……143
ソウ 走……57
ソウ 送……87
ソウ 騒……167
ゾウ 像……121
ゾウ 増……117
ゾウ 臓……139
ゾウ 蔵……139
ゾウ 造……131
ソク 側……105

ソク　則……123
ソク　即……163
ソク　息……75
ソク　束……93
ソク　測……113
ソク　足……45
ソク　速……69
ゾク　俗……167
ゾク　属……115
ゾク　族……85
ゾク　続……93
ソツ　卒……101
ソツ　率……113
ソン　存……139
ソン　孫……91
ソン　尊……139
ソン　損……123
ソン　村……45

た行

た　田……43
たいら　平……71
たえる　絶……117
たかい　高……63
たがいに　互……171
たがやす　耕……113
たから　財……127
たから　宝……139
たぐい　類……31・95
たけ　竹……47
たしかに　確……115
たすける　資……127
たすける　助……69
たずねる　尋……169
たずねる　訪……141
ただ　但……163
ただ　唯……163
たたかう　戦……103
ただしい　正……47
たつ　裁……153
たつ　立……45
たっとい　尊……139
たて　縦……139
たてまつる　奉……159
たてる　建……107
たとえば　例……95
たに　谷……65
たね　種……95
たのしい　楽……53
たば　束……93
たび　度……71
たび　旅……87
たべる　食……61
たま　玉……47
たま　球……69
たまわる　給……91
たみ　民……95
ためる　貯……117
たもつ　保……25・123
たより　便……91
たよる　頼……159
たる　為……33・159
たれる　垂……153
タ　他……87
タ　多……21・63
タ　太……21・63
ダ　打……69
タイ　対……77
タイ　帯……95
タイ　待……79
タイ　態……123
タイ　貸……123
タイ　退……149
タイ　隊……105
ダイ　代……29・87
ダイ　台……57
ダイ　大……45
ダイ　第……83

ダイ　題……71
タク　宅……151
タツ　達……99
タン　丹……23
タン　但……163
タン　単……99
タン　担……135
タン　探……145
タン　歎……169
タン　炭……85
タン　短……71
タン　誕……139
ダン　団……115
ダン　断……115
ダン　暖……151
ダン　段……145
ダン　男……45
ダン　談……71
ち　血……75
ち　地……51
ちいさい　小……41
ちかい　近……53
ちから　力……45
ちち　乳……143
ちち　父……65
ちぢむ　縮……149
ちる　散……19・93
チ　遅……21
チ　値……145
チ　知……21・59
チ　池……53
チ　置……105
チ　致……165
チク　築……127
チク　竹……47
チャ　茶……57
チャク　着……81
チュウ　中……43
チュウ　仲……97
チュウ　宙……141
チュウ　忠……145
チュウ　昼……65
チュウ　柱……69
チュウ　注……83
チュウ　虫……47
チョ　著……145
チョ　貯……117
チョウ　丁……79
チョウ　帳……85
チョウ　庁……147
チョウ　張……121
チョウ　朝……65
チョウ　潮……151
チョウ　町……47
チョウ　聴……173
チョウ　腸……149
チョウ　調……71
チョウ　長……55
チョウ　頂……149
チョウ　鳥……61
チョウ　逃……169
チョク　直……59
チン　賃……151
チン　陳……165
ついたち　朔……171
ついやす　費……121
つかう　使……69
つかえる　仕……73
つかさ　司……107
つかわす　遣……17・161
つき　月……43
つぎ　次……83
つく　就……141
つくえ　机……139
つくる　作……55
つくる　造……131
つげる　告……127
つける　付……93
つける　附……173
つたえる　伝……99

つち　土……43
つづく　続……93
つつしんで　謹……161
つつむ　包……105
つとめる　勤……149
つとめる　努……23・107
つとめる　勉……81
つとめる　務……127
つな　綱……173
つね　常……115
つの　角……51
つま　妻……129
つみ　罪……117・119
つむ　積……97
つよい　強……63
つらなる　連……31・93
つらぬく　貫……169
ツイ　追……87
ツウ　痛……149
ツウ　通……51
て　而……163・175
てら　寺……53
てら　手……45
てらす　照……99
でる　出……43
テイ　亭……21
テイ　低……93
テイ　停……131
テイ　定……87
テイ　底……99
テイ　庭……81
テイ　弟……65
テイ　提……127
テイ　程……117
テキ　敵……137
テキ　的……97
テキ　笛……73
テキ　適……115
テツ　鉄……83
テン　典……105
テン　天……21・47
テン　展……141
テン　店……61
テン　添……167
テン　転……83
テン　点……53
デン　伝……99
デン　殿……165
デン　田……43
デン　電……59
と　戸……59
と　与……29・175
とう　問……71
とうとい　貴……139
とおい　遠……33・63
とおる　通……51
とき　時……61
とく　解……113
とく　説……99
ところ　処……153
ところ　所……85
とし　年……23・45
とじる　閉……135
とどく　届……147
ととのえる　整……83
となえる　唱……105
との　殿……165
とぶ　飛……25・107
とまる　止……21・53
とまる　停……131
とめる　留……31・131
とも　共……103
とも　友……63
ともしび　灯……99
とり　鶏……171
とり　鳥……61
とる　採……123
とる　取……73
ト　徒……21・105
ト　渡……169

ト 都……79
ド 怒……23
ド 努……23・107
ド 度……71
ド 土……43
トウ 登……21・77
トウ 党……135
トウ 冬……57
トウ 刀……55
トウ 島……81
トウ 投……69
トウ 東……57
トウ 湯……85
トウ 灯……99
トウ 当……55
トウ 等……77
トウ 答……59
トウ 糖……147
トウ 統……131
トウ 到……165
トウ 藤……171
トウ 討……137
トウ 豆……77
トウ 頭……55
ドウ 働……107
ドウ 動……71
ドウ 同……59
ドウ 堂……21・121
ドウ 導……113
ドウ 童……73
ドウ 道……55
ドウ 銅……129
トク 得……115
トク 徳……95
トク 特……105
ドク 毒……113
ドク 独……117
ドク 読……63

な行

な 奈……23
ない 内……57
なお 尚……163
なお 猶……163
なおす 直……59
なか 中……43
なか 仲……97
なか 名……47
ながい 永……129
ながい 長……55
ながら 乍……159
ながれる 流……31・71
なく 泣……91
なく 鳴……63
なげく 歎……169
なげる 投……69
なさけ 情……125
なし 無……27・101・159
なつ 夏……57
なに 何……57
なみ 波……25・85
ならう 習……69
ならびに 幷……165
ならぶ 並……139
なり 也……29
なる 成……91
なれる 慣……113
ナ 那……23
ナイ 内……57
ナン 南……57
ナン 難……143
に 荷……73
にく 肉……61
にげる 逃……169
にし 西……57
になう 担……135
にる 似……129
にわ 庭……81

ニ　二……23・41
ニク　肉……61
ニチ　日……25・43
ニュウ　乳……143
ニュウ　入……43
ニョ　如……159
ニン　人……47
ニン　任……117
ニン　認……135
ぬの　布……25・121
ヌ　奴……23
ね　根……87
ね　値……145
ねがう　願……109
ねむる　眠……173
ねる　練……69
ネ　祢……23
ネツ　熱……95
ネン　年……23・45
ネン　念……97
ネン　燃……121
の　野……65
のこる　残……95
のぞく　除……141
のぞむ　望……103
のぞむ　臨……149
のち　後……51
のびる　延……149
のべる　述……125
のべる　宣……145
のぼる　登……21・77
のむ　飲……81
のる　乗……87
ノウ　納……139
ノウ　能……23・129
ノウ　脳……139
ノウ　農……23・77

は行

は　歯……75
は　者……25・77・175
は　葉……79
はい　灰……149
はいる　入……43
はかる　計……17・61
はかる　図……53
はかる　測……113
はかる　墓……121
はかる　料……93
はかる　量……91
はげしい　激……149
はこ　箱……71
はこぶ　運……79
はし　橋……73
はじめ　初……91
はじめる　始……69
はしら　柱……69
はしる　業……77
はしる　走……57
はたけ　旗……99
はたけ　畑……77
はたす　果……97
はたらく　働……107
はな　花……43
はな　華……173
はな　鼻……75
はなす　話……55
はなつ　放……87
はなはだ　甚……173
はなれる　離……169
はね　羽……55
はは　母……65
はぶく　省……99
はやい　早……43
はやい　速……69
はやし　林……45
はら　原……65

はら　腹……149
はり　針……147
はる　春……19・57
はる　張……121
はれ　晴……65
ハ　波……25・85
ハ　破……113
ハイ　俳……137
ハイ　拝……143
ハイ　敗……93
ハイ　背……147
ハイ　肺……139
ハイ　配……71
ハク　博……105
ハク　白……43
ハタ　畑……77
ハチ　八……25・41
ハツ　発……75
ハン　坂……77
ハン　判……125
ハン　半……55
ハン　反……75
ハン　板……71
ハン　版……121
ハン　犯……119
ハン　班……153
ハン　飯……103
バン　盤……25
ひ　火……43
ひ　日……25・43
ひ　陽……83
ひえる　冷……97
ひがし　東……57
ひかり　光……59
ひきいる　率……113
ひく　引……59
ひくい　低……93
ひさしい　久……17・129
ひじり　聖……143
ひたい　額……123
ひだり　左……19・41
ひつじ　羊……87
ひと　人……47
ひとしい　均……113
ひとしい　等……77
ひとり　独……117
ひらく　開……73
ひる　昼……65
ひろい　広……51
ひろう　拾……85
ひろがる　拡……141
ヒ　否……135
ヒ　悲……73
ヒ　比……25・123
ヒ　皮……87
ヒ　秘……135
ヒ　罷……159
ヒ　肥……113
ヒ　被……159
ヒ　費……121
ヒ　非……115
ヒ　飛……25・107
ビ　美……27・81
ヒツ　必……97
ヒツ　筆……85
ヒャク　百……45
ヒョウ　俵……149
ヒョウ　標……107
ヒョウ　氷……81
ヒョウ　票……93
ヒョウ　表……83
ヒョウ　評……125
ヒン　品……71
ヒン　貧……117
ふえ　笛……73
ふかい　深……79
ふく　服……81
ふく　福……83
ふし　節……95
ふじ　藤……171

ふせぐ 防……125
ふだ 札……93
ふたたび 再……121
ふで 筆……85
ふとい 太……21・63
ふね 舟……173
ふね 船……51
ふゆ 冬……57
ふる 降……149
ふるい 古……17・53
ふるう 奮……135
フ 不……25・97
フ 付……93
フ 夫……97
フ 婦……25・117
フ 富……97
フ 布……25・121
フ 府……99
フ 敷……167
フ 普……171

フ 父……65
フ 負……77
フ 附……173
ブ 部……25・75
フウ 風……65
フク 副……91
フク 復……131
フク 服……81
フク 福……83
フク 腹……149
フク 複……129
フン 奮……135
フン 粉……113
へる 経……127
へる 減……119
へ 江……15・175
ヘイ 兵……101
ヘイ 平……71
ヘイ 並……139
ヘイ 閉……135

ヘン 遍……25
ヘン 邊……25
ヘン 変……107
ヘン 片……147
ヘン 編……121
ヘン 辺……101
ヘン 返……81
ほか 他……87
ほし 星……61
ほしい 欲……143
ほす 干……153
ほそい 細……63
ほど 程……117
ほとけ 仏……121
ほとんど 殆……163
ほね 骨……147
ほのお 炎……165
ほろびる 亡……149
ホ 保……25・123
ホ 歩……55

ホ 補……151
ホウ 包……105
ホウ 報……127
ホウ 奉……159
ホウ 宝……139
ホウ 放……87
ホウ 方……63
ホウ 法……107
ホウ 訪……141
ホウ 豊……125
ホク 北……57
ホン 本……25・47

ま行

ま 真……87
まいる 参……107
まう 舞……27
まえ 前……55
まかせる 任……117

まがる　曲……73
まかる　罷……159
まき　巻……145
まき　牧……101
まける　負……77
まご　孫……91
まこと　誠……143
まじる　混……119
まじわる　交……59
ます　増……117
まずしい　貧……117
また　亦……165
まち　街……109
まち　町……47
まつ　松……107
まったく　全……85
まつり　祭……81
まつり　待……79
まど　窓……139
まと　的……97
まなこ　眼……125
まなぶ　学……41
まねく　招……125
まめ　豆……77
まもる　護……125
まもる　守……69
まよう　迷……119
まる　丸……53
まれ　希……17・103
まわる　回……57
マイ　妹……65
マイ　枚……137
マイ　毎……53
マイ　味……81
マク　幕……135
マツ　末……27・105
マン　万……27・61
マン　満……27・107
み　身……27・77
みがく　研……79
みぎ　右……41
みき　幹……127
みじかい　短……71
みず　水……43
みずうみ　湖……85
みずから　自……59
みせ　店……61
みたす　満……27・107
みだれる　乱……137
みち　道……55
みち　路……31・73
みちびく　導……113
みとめる　認……135
みどり　緑……71
みな　皆……171
みなと　港……83
みなみ　南……57
みなもと　源……137
みのり　実……87
みみ　耳……23・45
みや　宮……81
みやこ　都……79
みる　看……149
みる　観……95
みる　見……27・47
みる　視……147
ミ　未……107
ミツ　密……135
ミャク　脈……125
ミョウ　名……47
ミョウ　明……59
ミン　民……95
ミン　眠……173
むかう　向……75
むかえ　迎……169
むかし　昔……69
むぎ　麦……61
むくいる　報……127
むし　虫……47
むす　蒸……147

むずかしい　難……143
むすぶ　結……97
むね　胸……147
むね　旨……167
むら　村……45
むれ　群……101
ム　舞……27
ム　務……127
ム　夢……119
ム　無……27・101・159
め　芽……95
め　目……45
めし　飯……103
めす　召……169
メイ　命……69
メイ　盟……135
メイ　迷……119
メイ　鳴……63
メン　免……27
メン　綿……117
メン　面……83
も　茂……27・175
もうける　設……123
もうす　申……75
もえる　燃……121
もちいる　用……53
もつ　持……87
もって　以……15・95
もっとも　最……93
もっぱら　専……141
もと　基……127
もと　元……53
もと　素……113
もと　本……25・47
もとめる　求……101
もの　者……25・77・175
もの　物……73
もり　森……45
もん　文……41
モ　茂……27・175
モ　裳……27
モ　模……145
モウ　毛……27・55
モク　木……43
モク　目……45
モン　問……71
モン　門……59

や行

や　屋……29・85
や　哉……161
や　矢……55
やかた　館……87
やく　焼……107
やさしい　易……117
やさしい　優……143
やしなう　養……97
やすい　安……15・85
やすむ　休……43
やど　宿……85
やぶる　破……113
やぶれる　敗……93
やま　山……45
やまい　病……75
やわらぐ　和……33・71
ヤ　也……29
ヤ　夜……65
ヤ　野……65
ヤク　役……87
ヤク　約……95
ヤク　薬……75
ヤク　訳……135
ゆ　湯……85
ゆえ　故……121
ゆき　雪……65
ゆく　往……131
ゆたか　豊……125
ゆび　指……79
ゆみ　弓……55

ゆめ 夢……119
ゆるす 許……115
ユ 油……83
ユ 輪……117
ユイ 唯……163
ユウ 優……143
ユウ 勇……101
ユウ 友……63
ユウ 有……79
ユウ 由……29・81
ユウ 遊……29・71
ユウ 夕……47
よ 世……19・71
よい 善……145
よい 良……31・91
よく 能……23・129
よこ 横……73
よし 由……29・81
よそおう 装……143
よって 依……171

よぶ 呼……143
よむ 読……63
よる 因……113
よる 寄……131
よる 夜……65
よろこぶ 悦……165
よろこぶ 歓……169
よろこぶ 喜……119
よわい 弱……63
ヨ 与……29・135
ヨ 予……87
ヨ 余……117
ヨ 預……151
ヨウ 幼……143
ヨウ 容……123
ヨウ 曜……51
ヨウ 様……75
ヨウ 洋……81
ヨウ 用……53
ヨウ 羊……87

ヨウ 葉……79
ヨウ 要……97
ヨウ 陽……83
ヨウ 養……97
ヨク 欲……143
ヨク 浴……105
ヨク 翌……147

ら行

られる 被……159
ラ 羅……31
ライ 来……51
ライ 頼……159
ラク 落……79
ラン 乱……137
ラン 覧……141
リ 利……31・91
リ 理……59
リ 裏……135

リ 里……31・55
リ 離……169
リキ 力……45
リク 陸……101
リツ 律……143
リツ 立……45
リャク 略……129
リュウ 流……31・71
リュウ 留……31・131
リョ 旅……87
リョウ 両……77
リョウ 料……93
リョウ 良……31・91
リョウ 量……91
リョウ 領……115
リョク 緑……71
リン 林……45
リン 臨……149
リン 輪……103
ルイ 累……31

ルイ 類……31・95
レイ 軽……83
レイ 令……99
レイ 例……95
レイ 冷……97
レイ 礼……31・81
レキ 歴……119
レツ 列……75
レン 練……69
レン 連……31・93
ロ 呂……31
ロ 路……31・73
ロウ 労……107
ロウ 朗……143
ロウ 老……97
ロク 六……41
ロク 録……103
ロン 論……149

わ行

ワ 和……31
ん 无……33
わかい 若……149
わかれる 別……91
わかれる 輪……103
わきまえる 弁……125
わけ 訳……135
わける 分……59
わざ 技……113
わざと 態……123
わざわい 災……125
わずかに 僅……163
わすれる 忘……143
わた 綿……117
わたくし 私……151
わたる 渡……169
わらう 笑……91
わる 割……141
わるい 悪……77
われ 我……143

小林正博

こばやし・まさひろ

一九五一年東京都生まれ。博士（文学）。現在、一般社団法人古文書解読検定協会代表理事、東洋哲学研究所主任研究員、日本古文書学会会員、東京富士美術館評議員、学園都市大学古文書研究会顧問。生涯学習インストラクター古文書1級、博物館学芸員、図書館司書。著書に『日蓮の真筆文書をよむ』（第三文明社）『日蓮大聖人御伝記——解読・解説』（USS出版）『実力判定　古文書解読力』（柏書房）『読めれば楽しい！古文書入門』『これなら読める！くずし字・古文書入門』（潮出版社）など。

潮新書 020

書ければ読める！ くずし字・古文書入門

2018年　10月20日　初版発行
2018年　11月 3 日　2刷発行

著　者｜　小林正博
発行者｜　南　晋三
発行所｜　株式会社潮出版社
〒102-8110
東京都千代田区一番町6　一番町 SQUARE
電話　■ 03-3230-0781（編集）
■ 03-3230-0741（営業）
振替口座 ■ 00150-5-61090

印刷・製本｜　株式会社暁印刷
ブックデザイン｜　Malpu Design

ISBN978-4-267-02156-5